PENSÉES DÉTACHÉES

ET SOUVENIRS

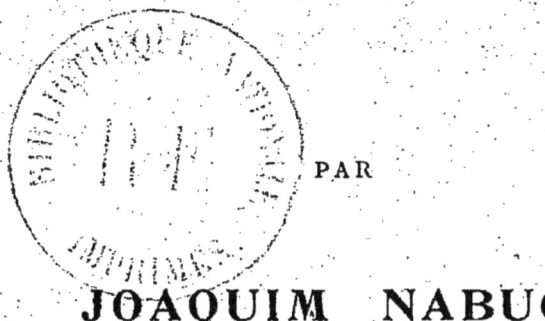

PAR

JOAQUIM NABUCO

---*---

PARIS
LIBRAIRIE HACHETTE ET Cie
79, BOULEVARD SAINT-GERMAIN, 79

1906
Droits de traduction et de reproduction réservés.

PENSÉES DÉTACHÉES

ET SOUVENIRS

PENSÉES DÉTACHÉES

ET SOUVENIRS

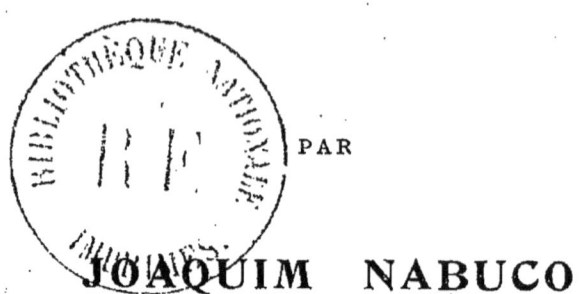

PAR

JOAQUIM NABUCO

---*---

PARIS
LIBRAIRIE HACHETTE ET Cie
79, BOULEVARD SAINT-GERMAIN, 79
—
1906
Droits de traduction et de reproduction réservés.

PRÉFACE

Les reflets de l'idéal rappellent les petites espèces que la nuit enfante en silence dans son obscurité. Pour en fixer le contour vivant il faut pouvoir discerner dans la lumière éteinte où ils naissent et meurent aussitôt. Comme elles, ils prennent en général les teintes grises du soir, tout au plus la bure jaune brun du crépuscule; ce n'est que dans les esprits très hauts et très purs qu'il en passe parfois ayant les ailes d'or. Aussi de telles images ne peuvent être traitées qu'à l'ombre même de la méditation qui les a fait éclore. Ce n'est donc pas sans crainte que je me hasarde à exposer au grand jour quelques-unes de ces impressions insaisissables qui se détruisent à la pensée comme les phalènes à la lumière.

J. N.

Les notes réunies aujourd'hui sous le titre de **Pensées détachées** *ont été prises, presque toutes, il y a treize ans à Petropolis, pendant que l'auteur travaillait à un ouvrage dont les fragments,* **Massangana** *et* **L'Influence de Renan***, étaient des chapitres. Excepté pour quelques pages, ce volume, la préface y comprise, aurait pu ainsi être daté de 1893.*

Washington, le 1er Décembre 1906.

PENSÉES DÉTACHÉES

LIVRE I

I

La première fois que l'égoïsme fit place au dévoûment et que l'homme trembla pour le sort des siens, le sentiment de la dépendance est entré dans son cœur et la religion est née. *Primus in orbe deos fecit timor.* C'est bien la terreur qui a fait les premiers dieux, mais elle a été la terreur de l'amour.

II

La religion est bien la puissance paternelle de Dieu. On n'y est pas en liberté, dans le sens d'échapper soi-même à toute sanction extérieure, mais on y est libre, si la soumission volontaire aux plus hauts mobiles de notre propre libre arbitre est la seule forme vraie de la liberté personnelle.

III

Si vous sentiez un jour les dogmes, auxquels vous croyez, tomber à vos pieds, gardez-vous de penser que ce sont là les chaînes brisées de l'esprit; car, bien au contraire, l'esclavage commencerait alors pour vous, et la pire des formes de l'esclavage, celui où l'on change chaque jour de maître. Les Danaïdes, Tantale, Laocoon, Sisyphe pourraient tous être pris pour des allégories du doute.

IV

La religion est à la portée de tous les esprits et seule elle empêche l'aspiration humaine de s'égarer dans l'ascension de l'inconnaissable. En traçant à une altitude fixe la ligne du mystère, elle pose la borne de l'imagination rationnelle, c'est-à-dire celle de la région habitable de la pensée.

V

Même dans la religion, il y a une zone qui n'est abordable que pour les natures très exceptionnelles, capables de respirer l'air raréfié de l'esprit. Il est bon qu'il y ait des mystiques, mais l'humanité, pas plus au moral qu'au physique, n'est faite pour habiter les hauts sommets de la terre. Ces hauteurs-là sont la région de la stérilité.

VI

La religion n'est un empêchement à aucune joie, ni à aucune liberté. Un système négatif quelconque dont la graine tombe sur l'esprit fait comme la liane parasite qui, de branche en branche, enlace l'arbre et le dessèche. Quant à la foi, elle n'est qu'un petit oiseau, qui pose sur le faîte du feuillage et chante aux heures où Dieu écoute.

VII

La religion elle-même n'échappe pas à la pesanteur terrestre. La loi de la pesanteur est pour elle la charité.

VIII

La pensée doit s'élever; le cœur, rester ici-bas.

IX

Le positivisme se dit la religion de l'humanité, mais le christianisme est déjà depuis deux mille ans cette religion-là, puisque Dieu lui-même y meurt pour l'homme. « Ecce homo » peut être sa devise.

X

La science est vraiment le miroir de l'infini, mais un miroir cassé en petits morceaux que la religion seule peut réunir.

XI

Les savants, en effet, ne font que dresser avec un détail chaque jour plus minutieux l'inventaire de la création, étalant ainsi de plus en plus la richesse de Dieu. Pourtant ils se mettent volontiers, quelque peu, pour les choses qu'ils aperçoivent les premiers, à la place de Celui qui les a conçues.

XII

Malheureusement pour la science, après avoir achevé l'inventaire de l'infini, il lui resterait à faire celui de l'éternité, car seul l'éternel peut nier l'éternel.

XIII

La religion n'arrête pas la marche de la science, elle lui sert seulement de garde-fou.... Ou bien elle n'est que le frein intérieur qui empêche notre curiosité de prendre feu à la course et de se détruire ainsi elle-même.

XIV

La première des connaissances humaines serait la Problématique surnaturelle, le calcul des probabilités d'une autre vie ; la seconde, de savoir comment Dieu gouverne le monde. L'une est la science du but, l'autre celle des moyens.

XV

Si Dieu n'existe pas, l'homme n'est qu'un automate. Aucune fierté morale n'est possible pour lui avec une telle notion. La dignité n'aurait pu entrer dans son esprit que par la notion contraire, qu'il est une créature libre. Dans l'automatisme universel, la liberté morale n'aurait pas de sens et ne pourrait pas avoir de but.

XVI

Nul ne peut se figurer comment sont tenus les comptes des âmes. La comptabilité divine sera pleine de surprises pour le moraliste. Souvent y sont portés à notre crédit des mérites inconnus de nous-mêmes, tandis que nous sommes débités pour des actions que nous croirions méritoires. Il nous est impossible de concevoir le moindre trait du code pénal divin. Il y a, cependant, un élément moral qui mériterait d'être universel dans l'idée que chacun doit être jugé par sa propre espèce. Un jury d'anges ne pourrait nous juger avec aucune justice humaine, comme nous ne jugerions pas avec de l'équité animale les fautes des bêtes. Au jour du Jugement nous apprendrons toute notre histoire; pour la première fois nous saurons alors la loi sous laquelle nous avons été créés, notre rôle dans la création, et la manière dont nous l'avons joué.

> Liber scriptus proferetur,
> In quo totum continetur,
> Unde mundus judicetur.

XVII

Nous serons bien étonnés à la vue de ce livre. Les années les plus glorieuses des grandes carrières n'y seront même pas notées, tandis que des pages entières seront accordées à des vies obscures pour elles-mêmes.

XVIII

D'un autre côté, nous tenons notre compte avec Dieu d'une façon bien singulière. Le peu qu'il nous arrive de faire à son intention nous le lui débitons soigneusement; le payement qu'il nous fait aussitôt nous passe inaperçu. Nous exigeons même que notre monnaie soit reconnue comme la bonne pour ses payements. Les biens de la vie qui nous sont prodigués d'instant à instant ne comptent pas; nous ne prenons pas note de petits cadeaux, tels l'oxygène que nous respirons, les moissons qui nous nourrissent, la beauté ou la bonté autour de nous. Nous rêvons littéralement d'une banque en espèces, où notre prière tiendrait lieu de chèque et nos ambitions de dépôt. Or, Dieu n'est pas l'auteur de notre organisation sociale et, pour nous secourir à notre gré, il devrait se rendre complice de ce qui lui déplaît le plus en elle.

XIX

Ceux qui n'ont point de religion sont nombreux; mais, comme il n'existe pas de lien intérieur entre eux, ils sont les uns à côté des autres et se sentent tout seuls. Il leur manque la communauté de destinée.

XX

Les âmes les plus riches et les plus vivantes sont celles où il y a le plus de débris des choses mortes et non pas celles où il y a le plus de germes de choses à venir.

XXI

La religion est plus élastique que la science, comme le cœur est plus élastique que l'esprit.

XXII

Croire, c'est se donner entièrement.

XXIII

Le cycle moral de l'humanité est formé par la Religion. L'âge positif annoncé, pendant lequel le *homo theologicus* (¹) d'aujourd'hui deviendrait une sorte de pithécanthrope intellectuel, ne serait que l'annonce de la stérilité finale. L'homme serait alors devenu un être moral fixe, ses anciens sentiments de l'âge religieux s'étant convertis en instincts dirigeants et en contraintes spontanées; il vivrait ainsi

(¹) Saint Augustin nous apprend que les Romains aspiraient l'h de *homo*.

des épargnes d'un sens mutilé, d'une faculté abolie. Ce serait un être moral par instinct acquis, non plus par choix; par nécessité, non plus par effort; par l'œuvre accumulée et arrêtée de ses devanciers, non plus par sa propre initiative féconde et toujours croissante. En ce sens, sa morale serait encore un prolongement de la religion morte, et durerait autant que peut durer le fleuve aux sources taries. Il serait, sans s'en douter, comme être moral, un aboutissant de la théologie tout autant que nous.

XXIV

L'humanité peut survivre à la religion, mais comme elle survit déjà à tant de formes irretrouvables de son imagination et de son génie; c'est-à-dire, elle peut y survivre, mais elle continuera d'en vivre.

XXV

Il y a bien peu d'athées pur sang. En remontant dans leurs origines on rencontre bientôt la souche croyante.

XXVI

La religion est la seule des forces humaines que l'on ne saurait jamais amoindrir, car, si vous l'étreignez, elle monte. Elle gagne toujours en hauteur ce qu'elle perd en surface.

XXVII

Les grandes lois de la physique s'appliquent presque toutes au monde moral. Imaginer une religion impénétrable aux transformations des âges, c'est imaginer un corps sans porosité.

XXVIII

Le problème préliminaire que l'homme eut à résoudre fut celui-ci : « Suis-je un simple animal intellectuel, une marionnette pensante, ou bien suis-je un être responsable ? » et il le résolut dans le sens de sa dignité personnelle. C'est par là qu'il s'est senti libre. La religion et le libre arbitre ont été deux sentiments jumeaux.

XXIX

La seule conception possible d'un être libre dans la nature est celle d'une créature à l'égard de laquelle le Créateur aurait interrompu l'automatisme qui semble enchaîner l'univers, et le seul moyen concevable d'affranchissement pour elle, la responsabilité morale.

XXX

Dans le système de la création mécanique (par opposition à création voulue et pensée), il n'y aurait pas de place pour le libre arbitre, c'est-à-dire, pour la liberté morale; il n'y en aurait que pour la pseudo-liberté physique, inhérente à tout mécanisme volitif, homme ou brute. Une telle liberté n'est qu'une apparence. Être indépendant de ses mouvements et de ses actes par l'effet d'un mécanisme, quelque compliqué et délicat qu'il soit, ce n'est pas être *moralement* libre.

XXXI

Je me figure l'âme humaine comme un rayon d'idéal détaché de la substance divine. Là où il garde le souvenir de son origine, son mouvement naturel est de retourner à son foyer et de s'y confondre à jamais. C'est là le genre d'esclavage dont est susceptible l'être religieux : la captivité du rayon qui veut rester lumière.

XXXII

Pour résoudre sa propre énigme, le *to be or not to be* de sa destinée, l'homme n'a eu pour l'aider que sa seule imagination. C'est elle qui a créé toute la vie morale ici-bas. Certes, depuis des âges, les religions apprennent à l'homme dès le berceau qu'il est une créature et une créature responsable, mais les religions sont toutes nées de l'aspiration de l'homme vers Dieu, elles ne l'ont pas créée, et cette aspiration-là c'est l'imagination humaine qui l'a travaillée longtemps à l'écart et en silence avant qu'elle ait pu de partout s'assembler et cristalliser sous ces grandes formes collectives et unitaires, qui sont les religions. L'imagination est ainsi la faculté religieuse par excellence, et on comprend que le positivisme s'y attaque comme à la source même du sentiment religieux.

XXXIII

Si nous considérons la terre comme le milieu propre à l'homme, l'aspiration du rayon divin qu'est l'âme à rejoindre son foyer est un fait terrestre d'ordre centrifuge, tandis que les religions sont d'ordre centripète. Toutes, elles ont cherché à unir, à accorder et à discipliner les hommes au moyen de leur instinct religieux, c'est-à-dire elles ont fait d'une pensée, qui intellectuellement les détache de la terre, le nœud de leur existence commune sur elle. Ce ne sont pas les religions qui ont créé l'attraction surnaturelle du cœur; elles lui en servent au contraire de frein. Elles n'ont pas créé le lien intime entre l'homme et Dieu; elles en ont fait le lien entre l'homme et les hommes. Elles sont des faits collectifs, comme qui dirait des langues-souches, et de même que les langues s'expliquent par le besoin de communication avec nos semblables, et non pas le besoin de communication avec eux par l'existence des langues, les religions s'expliquent par le besoin de communication avec Dieu, et non par le besoin de communication avec Dieu par l'existence des religions.

XXXIV

L'imagination est le rayon divin attaché à l'esprit de l'homme pour qu'il puisse se mouvoir dans les ténèbres de la création. Des poissons qui habitent les couches profondes de l'océan portent avec eux un phare qui les illumine dans l'éternelle nuit. Autrement, à quoi leur serviraient les yeux? De même pour l'homme l'imagination. Sans elle à quoi lui servirait l'intelligence?

XXXV

Si le seul guide de l'homme eût été la révélation, il ne se serait pas distingué de la bête dans toute la portion de l'humanité que la révélation n'a pas touchée. Tout commencement de civilisation cependant aurait été impossible sans l'idée de la responsabilité morale; cette idée a donc dû éclore d'une source commune à toutes les civilisations, de même que les civilisations n'ont pu être façonnées que par un outil que tout homme eût à sa portée. Cette source commune a été le sens moral; cet outil, l'imagination. Pour le christianisme, la révélation et la création de l'homme ayant été simultanées, la révélation est un fait préliminaire universel. Ceci n'altère en rien notre prémisse. Le premier homme aurait reçu une révélation qui se serait effacée de la conscience de ses descendants. Ainsi, après la chute, l'humanité, en général, n'aurait eu que sa propre imagination pour la guider. Les élans de cette imagination peuvent être pris pour des réminiscences inconscientes du lointain contact de la créature nouvellement créée avec son Créateur, mais cela revient à concevoir l'imagination humaine comme le souffle immédiat du Créateur.

XXXVI

Le rapport entre l'imagination et le sentiment religieux est direct, et l'atrophie de l'imagination serait l'atrophie de ce sentiment. Toute diminution sensible du sentiment religieux suffit de même à signaler une diminution de l'imagination créatrice. Le champ de la science peut s'étendre, tandis que celui de l'imagination se rétrécit, et l'homme croire qu'il avance intellectuellement, parce qu'il découvre davantage, au lieu de créer comme jadis des mythes ou des légendes, mais les cercles les plus larges de la pensée seront éternellement ceux que l'imagination aura décrits.

XXXVII

La règle qu'on doit toujours se conformer aux conclusions de sa propre raison a acquis, paraît-il, la force d'une loi de sincérité morale. Pourtant, pourquoi ne pas tout aussi sincèrement se dire : « Je suis arrivé à cette conclusion, mais un tel, qui est un esprit bien plus éclairé, pense tout le contraire; entre les deux c'est donc son avis que je devrai suivre ? » On se dirait bien cela, en voulant acheter un tableau, à l'égard d'un connaisseur; devant une pierre, une plante, un phénomène quelconque de la nature, à l'égard d'un savant. Si on ne se le dit pas en matière de religion, c'est évidemment que le sujet nous semble être autant à notre portée qu'à celle d'autrui. Il l'est, en effet, mais seulement par le cœur, dont l'amour est la vue ou la perception. Si l'amour vous manque, vous êtes à l'égard de Dieu comme l'aveugle-né à l'égard de la lumière. Le sujet en devient un à discussion.

XXXVIII

Pourquoi votre propre opinion alors vous paraîtrait plus sûre que celle des autres ? Car sur les choses les plus évidentes et faciles à distinguer, si votre avis n'était pas celui de tout le monde, croiriez-vous une quantité de personnes l'objet d'une hallucination plutôt que vous seul d'une erreur ? Ou si vous étiez plusieurs du même avis, n'importe la matière, ne tiendriez-vous pas compte du nombre et du poids des opinions contraires ?

XXXIX

L'obligation pour chacun de s'assujettir par devoir de sincérité à sa propre opinion amènerait bientôt le règne de l'ignorance. Mon devoir est de reléguer ma raison à sa place vérifiée par des mesures presque scientifiques, c'est-à-dire au rang auquel elle a droit parmi les autres raisons, ou, s'il s'agit de religion, en face de la grande raison universelle. Au fond, ce que vous appelez votre propre jugement n'est en général que le choix plus ou moins conscient que vous faites d'une autorité au-dessus de la vôtre. Soyez sûr que, à lui seul, votre propre prestige intellectuel ne vous aurait pas entraîné et ne vous en aurait pas imposé. Vous ne devez voir ainsi dans votre jugement personnel que le poids de l'autorité que vous aurez choisie. Mais si vous ne devez attacher une valeur prédominante à votre opinion personnelle, votre choix d'autorités ne vaudra pas plus qu'elle, puisque vous ne sauriez vous prononcer en dernier ressort sur de pareilles questions ni directement ni indirectement. « Mais de toute manière, direz-vous, mon opinion sera personnelle, je ne puis penser qu'avec ma propre intelligence. » Certes, mais aucun devoir de sincérité ne vous oblige à accepter les conclusions de votre propre raison en des sujets visiblement au-dessus de sa compétence.

XL

Si on vous portait une montre pour réparer, n'étant pas horloger, la recevriez-vous? Les grands systèmes religieux de l'humanité sont bien plus difficiles à réparer que les montres; pourquoi vous en chargez-vous sans hésitation? La vraie sincérité intellectuelle consiste d'abord à bien discerner ce que vous pouvez et ce que vous ne pouvez pas; ce qui est ouvrage individuel et ce qui est ouvrage collectif; ce que l'humanité peut faire ou refaire et ce que Dieu s'est réservé.

XLI

Vouloir fonder une religion, c'est comme vouloir créer une langue universelle.

XLII

Il y aura toujours des esprits pour le tenter, mais en religion, ou vous marchez avec la foule, ou bien, au moindre écart de la voie des pèlerins, vous vous trouvez dans une solitude sans écho. Le caractère collectif de la religion est le premier fait que doive considérer tout esprit sincère qui s'en occupe. La religion ne saurait être un fait individuel; elle y perdrait son caractère propre et sa raison d'être. Tout esprit religieux tend à la communion des hommes, veut la religion comme attache et entente entre eux. A quoi bon y faire œuvre individuelle, c'est-à-dire isolée et solitaire? A quoi bon une langue universelle pour soi seul?

XLIII

Comme on ne construit en religion que pour les âges futurs, il faut toujours se réfugier soi-même aux anciens abris de la route. C'est ainsi que Jésus s'est réfugié à ceux de Moïse et de Salomon.

XLIV

Ceux qui se font eux-mêmes une religion, ou veulent créer pour d'autres un système religieux, travaillent pour le compte des grandes religions vivantes et en alimentent les sources. Contre la religion ne travaille que l'indifférent; l'indifférence, dans cette région-là, est la seule sécheresse possible. Heureusement cette sécheresse ne sévit que sur la plaine, que les eaux traversent, et non pas dans les montagnes où elles se forment.

XLV

Ce n'est pas la source qui fait connaître si le cours d'eau sera un grand fleuve ou bien un petit torrent. Ne vous enorgueillissez pas d'être une source.

XLVI

Il faut toujours prendre la religion dans son ensemble historique et social. Si elle a un but divin, ses moyens sont cependant les pauvres moyens de notre propre nature. Or, la nature humaine est comme une vaste région dont la vallée serait marécageuse et toujours sujette aux exhalaisons malsaines, tandis que la montagne en serait nue et pleine de crevasses. A peine, entre la fange et l'aridité, il y aurait par-ci et par-là de petits coins pittoresques et riants, comme des miniatures de l'Éden. La religion comme organisation sociale présente ces mêmes caractères humains. En la jugeant, on doit toujours se rappeler qu'elle ne saurait être que le profil moral de l'humanité, donc une ligne humaine, non pas divine. Ce que l'on doit se demander est si le profil en aurait autant de dignité, s'il n'avait pas été fondu dans ce moule. Il faut bien se rendre compte des imperfections de la matière avant de condamner l'esprit qui l'a animée. En religion la matière est toujours humaine; seul l'esprit, le but, est un rayon divin.

XLVII

Prenez les imperfections sociales des religions comme inhérentes à toute association humaine; mais n'en condamnez pas le principe, n'affaiblissez pas le sentiment religieux dans ses sources, car celui-là est en communication avec la divinité et représente la petite provision d'infini départie à notre espèce.

XLVIII

Ne craignez pas de donner à la religion ce beau nom de *préjugé*, « jugé d'avance ». Donnez-le aussi sans crainte au sentiment de patrie. Donnez-le à tout amour vraiment sûr de soi, qui précède la raison et défie l'analyse.

XLIX

Si l'on regardait seulement aux torts du sentiment de patrie, ils seraient grands aussi. N'a-t-il pas nui, dans une certaine mesure, à la science, à l'art, à la liberté, à la civilisation? N'a-t-il pas entretenu la cupidité et la haine? Son exclusivisme inné n'est-il pas une prime à la médiocrité? Certes, il met en relief tous les faibles côtés de la nature humaine. Le répudie-t-on pour cela? Non, parce qu'on saisit les deux côtés de la médaille, et non pas un seul. Parce qu'il sert beaucoup plus la science, l'art, la liberté et la civilisation qu'il ne leur nuit. Parce que la cupidité et la haine qu'il entretient entre les races sont déjà des idées nationales, dont l'individu a une bien faible part; tandis que sans lui il n'y aurait encore à leur place que les basses convoitises et rancœurs personnelles. Parce que cet exclusivisme, qui fait une prime à la médiocrité là où il y a la barrière de la langue, a cependant servi à créer l'émulation et le génie.

L

Et pourtant entre la patrie et la religion il y a cette grande différence : que la patrie est de sa nature une forme transitoire, tandis que la religion est la forme permanente de notre espèce. Au fond il n'y a jamais eu de patrie, au sens propre du mot, que par la religion, et la religion, avec son rayon plus étendu et son ascendant moral, a seule donné à l'idée de patrie son caractère stable, la retenant dans ses limites propres par un arbitrage supérieur, qu'elle a toujours respecté. Beaucoup, qui en sont intellectuellement affranchis, gardent cependant, jalousement, par un attachement invincible, le *préjugé* de patrie. C'est là, sans qu'ils le sachent, leur manière à eux d'être religieux, puisque les images nationales sont enduites partout de la patine religieuse des siècles. De même beaucoup qui se sont détachés de la religion, par l'affaiblissement et la perte de la foi, lui restent attachés par une piété qu'ils ne raisonnent pas, et qu'ils sentent intérieurement être la fonction noble de leur vie et leur seule raison d'être.

LI

Le fait est que les nations, du moins celles qui ont une histoire, ont été des créations de leur foi : des jets de religions naissantes, des fragments de religions en conflit, des reliques de religions mortes.

LII

Le mystère ne rétrécit pas l'horizon, il l'élargit.

LIII

Toute idée est un miroir de Dieu pour qui peut la polir à l'infini.

LIV

Ne laissez rien entrer chez vous que par la porte de la reconnaissance.

LV

Comme le désir, la prière a ses meurtriers inconscients. Des personnes très douces demandent naïvement à Dieu des choses qu'il ne pourrait leur accorder sans frapper nombre de gens.

LVI

Il n'y a pas de monotonie dans l'uniformité ; la monotonie ne vient que lorsque l'on fait une chose en regrettant de ne pas faire une autre. Supprimez ce désir contrarié et vous feriez chaque jour la même chose avec un plaisir nouveau.

LVII

On ne comprend l'existence de Dieu que comme étant l'éternelle uniformité. Avec notre désir toujours inassouvi, notre soif d'infini, nous trouverions l'uniformité monotone, même si nous étions mis à la place de Dieu ; mais le désir de changer est déjà un attribut d'instabilité et la marque de l'être passager.

LVIII

« L'Église, direz-vous, ne songe pas à accomplir le rêve de son fondateur; laissez-lui le champ libre et vous auriez tout au plus la même société des âges où le doute n'avait pas encore paru et où la foi avait l'entier contrôle des âmes. Est-ce que dans ces âges-là, où la foi était absolue, la croix a été moins lourde pour les pauvres et les humbles qu'elle l'est aujourd'hui ? L'Évangile est certainement l'utopie communiste la plus complète qui ait jamais été formulée; est-ce que l'Église aide à sa réalisation? Dans ses siècles de foi, elle a, il est vrai, créé une âme pessimiste à l'égard des biens de ce monde et a élevé ses enfants dans la pratique de la douleur. C'était bien là certainement une forme de communisme, la forme absolue, on peut dire, car le communisme ne saurait être porté plus loin que jusqu'au renoncement de tout. En même temps n'est-ce pas là la preuve qu'elle n'aurait que cette manière de résoudre le problème de l'inégalité des conditions? Or, on ne trouvera jamais qu'une très faible minorité de gens pour demander un surcroît de leur part de souffrance à fin d'en alléger le prochain. »

LIX

Tout cela pourrait être vrai au point de vue humain. D'un autre côté il serait absurde de prétendre que l'Église ne doit rien à ses contraires et n'a jamais eu besoin d'eux. Mais la question n'est pas de savoir si l'humanité doit se remettre entièrement à la seule inspiration de l'Église. La vraie question est de savoir si l'influence de l'Église n'est pas une des plus grandes et des plus considérables, la plus grande et la plus considérable, dont le monde puisse disposer pour marcher vers son but; si l'Église est l'ennemi qu'on doit combattre à outrance pour pouvoir arriver à des améliorations sensibles dans la condition humaine, ou bien si elle est le plus puissant allié que les réformateurs sérieux puissent avoir.

LX

Convenons de ceci. Seule, l'Église ne suffirait pas à sa tâche; combattue, elle resterait impuissante; mais demandons-nous, si, appuyée et aidée, elle ne multiplierait pas le pouvoir de ses associés.

LXI

Une chose pour le moins est sûre; son procédé est le seul qui n'avorte pas. Les lois de protection ou de contrainte peuvent être bonnes, mais seul l'esprit de charité et de renoncement apportera des bienfaits réels, des modifications intérieures à l'âme. Il est la seule source qui ne tarisse jamais et qui ne puisse être détournée de son cours. Quant à la lenteur, il n'y a pas à la nier, mais aussi il faut songer à la distance à parcourir, au vide à combler.

LXII

Il n'y a pas de morale permanente sans religion. Sans la religion, la morale devient personnelle, volontaire, et n'est plus que l'ondulation de plus en plus affaiblie d'une lumière qui s'éteint. Celui qui perd la foi sentira toujours s'ébranler en lui, puis s'écrouler à quelque point essentiel, le sentiment de sa responsabilité morale. Ne pourrait-on en vue de cela élever l'homme de manière que la perte de la religion, si elle survenait, n'ébranlât pas pour lui la sanction de sa vie morale et que le retour religieux pût s'opérer sans qu'il eût à regretter quelque tache ineffaçable? La religion, de notre temps, devrait tenir compte des éloignements temporaires ou définitifs de la foi chez beaucoup de ceux qu'elle élève et y pourvoir. Une couche morale indestructible, indépendante de la foi, assurée contre les déviations de la conscience religieuse, serait le plus grand bienfait qu'elle pût leur faire. C'est un problème de charité à résoudre, et qu'elle seule peut résoudre, que celui de garantir la pureté de la vie contre la perte de la foi. Le fond de l'âme devrait pouvoir être bâti en cloisons étanches, de sorte que l'eau pénétrant dans la cavité religieuse n'envahît pas la cavité morale, faisant sombrer le vaisseau.

LXIII

Comme en fait de maladie la première idée c'est de changer d'air, pendant la crise religieuse songez tout d'abord à changer de milieu intellectuel. Dès que vous sentirez le moindre influx négatif, placez-vous à d'autres points de vue, changez de livres et de sujets ; si la politique vous dispose à une agression bruyante contre les choses saintes, cherchez le calme des grands arts religieux, qui vous en inspireront le respect ; si c'est le monde, le cosmopolitisme, qui vous entraîne, réfugiez-vous dans la nature ; si c'est la solitude, mêlez-vous à la foule qui prie.

LXIV

Méfiez-vous de tourner le microscope sur vous-même. De bons yeux sans verres, posés sur ce qui vous entoure, c'est tout ce qu'il faut. La religion est une grande économie de ces reploiements intérieurs atrophiants. Les grandes natures religieuses sont profondément objectives.

LXV

Ne regardez pas beaucoup dans votre foi ; tout regard en dedans trop prolongé et attentif est dangereux, on risque de démonter l'appareil même de la vision. L'œil n'a pas été fait pour voir son propre fond, ni la foi non plus.

LXVI

On appelle souvent Jésus-Christ un révolutionnaire, et certes il en a été le plus grand de tous depuis que le monde existe, mais il ne faut pas oublier qu'il a été un révolutionnaire qui s'est proposé non pas le pouvoir, mais la mort, et la mort, non pas pour que son parti triomphe après lui, mais pour effacer le péché du monde.

LXVII

Peut-on croire par volonté quand on ne croit plus par autorité, ou bien par cette suggestion du berceau, qui est la vraie foi ? Certes on peut croire par le seul désir de croire. Vous direz que l'on se trompe ainsi soi-même, mais par la constance de l'amour on peut rendre l'illusion permanente, de manière qu'elle n'aboutisse jamais à la déception. Il y a plusieurs manières de pratiquer une religion. Pensez aux derniers temps du polythéisme. On ne croyait plus alors aux dieux avec la foi des anciens, mais avec la vénération nationale historique. Les Églises ne sont pas maintenues seulement par ceux qui continuent la foi primitive ; elles le sont aussi par beaucoup qui envient ceux qui l'ont et qui se conduisent en tout comme s'ils l'avaient gardée intacte eux aussi. Le superstitieux ne croit-il pas sans foi et tout en doutant de sa superstition ? Si vous imitez l'expression extérieure d'une émotion, vous ressentez celle-ci quelque peu. Si vous êtes convaincu que la religion seule empêche l'humanité de se corrompre, si vous avez des responsabilités, si vous vous sentez un tronc dont les branches, selon vous, se relèveront ou tomberont d'après la sève religieuse que vous leur transmettrez, dire que vous croyez, quand vous ne croyez plus, est un devoir de votre charge. Ce n'est pas un mensonge, mais l'expression vraie de votre état d'esprit, car le besoin de croire est déjà, ou est encore, un acte de foi.

LXVIII

Montrer une foi qu'on n'a plus n'est pas manquer de sincérité; c'est se soucier d'autrui, c'est bien se rendre compte que rien n'importe autant à la vie de l'humanité que la religion.

LXIX

Nous tenons à la foi perdue par des racines qui ne meurent jamais, par des affinités plus fortes que toute obstination intellectuelle. L'homme irréligieux peut connaître la paix d'esprit, car il ne souffre pas d'un sens qu'il n'a pas eu ; l'homme religieux privé de croyances ne la connaît plus.

LXX

Je vois bien des consolations pour les malheureux; je n'en ai jamais trouvé pour les heureux.

LXXI

L'idée d'avoir eu la meilleure part de tout, même une part plus large que celle d'autrui, est tout au moins troublante pour les âmes soucieuses. Ceux qui ont beaucoup reçu ne peuvent parfois s'empêcher d'une certaine inquiétude, ne sachant pas à quel titre les bienfaits leur sont départis. La pensée la plus rassurante pour eux c'est de n'y voir pas de privilège, et de considérer l'excédent en leurs mains comme un avancement à régler dans une autre vie, comme un prêt onéreux et non comme une pure donation.

LXXII

Il ne faut pourtant pas que les heureux de ce monde se croient des receleurs du bien d'autrui. Laissez voir les largesses de Dieu. Les bienfaits bien portés ne font envie à personne, ils attirent au contraire les bénédictions et sont une source de joie pour ceux qui souffrent.

LXXIII

Heureux et malheureux devraient mettre en commun leurs parts inégales en cette vie pour avoir une part égale dans l'autre. Mais cette communauté-là, c'est seul l'amour du prochain, non le partage égal des biens matériels, qui peut l'opérer. C'est là le règne de Dieu pour lequel le chrétien prie il y a près de deux mille ans. Nous en rapprochons-nous ou nous en éloignons-nous toujours davantage ?

LXXIV

On ne se prive d'aucune jouissance intellectuelle, ni d'aucune sensation de jeunesse, en admettant dans son incrédulité qu'on peut avoir tort.

LXXV

Sans la religion, qui est son seul salaire, le devoir en masse ferait grève.

LXXVI

A la lutte pour la vie, qui est la loi de la nature, la religion oppose la charité, qui est la lutte pour la vie d'autrui.

LXXVII

En effet la société, si on la prend hors de la famille, est un désert où il ne coule qu'un petit torrent, la charité, entretenu par la religion. On peut dériver par-ci et par-là de son lit étroit et pierreux de minces canaux et par eux étendre la zone de verdure un peu au delà de ses bords, comme on le fait à Mendoza, au pied des Andes, avec la petite rivière qui descend de la Cordillère, mais on ne saurait en accroître le volume d'eau ; celui-là restera tel qu'il descend du sentiment religieux. Si par hasard ce sentiment augmente, la charité grossit de même, mais de bas en haut vous ne pourriez rien lui ajouter. Détruire la religion, c'est songer à tarir le petit torrent qui seul fertilise la vallée humaine, si bien appelée la vallée des Larmes, et vouloir que la tache verte disparaisse dans la stérilité qui l'entoure. (Petropolis, 1894, souvenir de Mendoza.)

LXXVIII

Il n'y a rien de plus faux que de proclamer illégitime tout genre de vie, qui, s'il était adopté par tout le monde, nuirait à l'espèce humaine, par exemple, la vie de moine. Il n'y a pas à craindre que la société entre au couvent. C'est l'esprit radical qui voudrait que l'humanité fît tout entière la même chose aux mêmes heures. Les procédés de la nature sont tout l'opposé de cet esprit d'uniformité. S'il y a une chose évidente dans la création, c'est qu'elle n'a pas voulu de deux êtres égaux, ou ayant le même sort. De même, si les couvents semblent inutiles à ceux qui ne voudraient voir partout que des fabriques et des exploitations industrielles, ceux-ci devraient penser que l'apparemment inutile occupe dans la nature une place de beaucoup plus considérable que les espèces ou choses auxquelles l'homme a découvert une utilité quelconque. Toutes les institutions nées spontanément d'un sentiment collectif ont leur raison d'être dans ce sentiment, et il faut leur faire une part dans les « harmonies » sociales, qui ne sont, comme celles de la création, que des contrastes conciliés, que l'équilibre des forces, qui seul en assure le rythme et en empêche la destruction.

LXXIX

Le surhomme est l'ascète, le saint ; c'est là une idée propre à toutes les religions. Ce qui est propre à la pensée solitaire, c'est le surhomme fin de soi-même. Celui-là aussi est une conception bien ancienne. On peut beaucoup creuser et découvrir dans la légende de Satan ; on ne peut rien lui ajouter.

LXXX

Il y a des folies provenant de ce que l'esprit monte si haut qu'il ne peut plus descendre et s'égare dans le vide.

LXXXI

En religion comme dans la nature rien n'est plus étonnant que l'œuvre colossale des petits. Ce sont toujours les vers de terre qui remuent et fertilisent le sol.

LXXXII

Dans le monde moral les plus beaux sentiments

éclosent souvent, comme les fleurs, dans la pourriture.

LXXXIII

Le bien est une suggestion divine; la seule qui ait été faite à l'homme.

LXXXIV

Supposons que la science atrophiera toute cette partie de l'imagination humaine qui tourne autour de l'idée de Dieu. Quel horizon aurait été plus large au bout des siècles : celui de la science en possession des mille secrets des forces éternelles, ou celui des âges préoccupés de l'infini?

LXXXV

La littérature religieuse est peut-être celle qui produit le plus grand nombre de livres médiocres, car l'uniformité en est la règle et l'effacement l'inspiration. C'est au milieu d'une plaine entièrement plate que s'élèvent ses rares chefs-d'œuvre, mais ceux-là sont les vrais phares de l'esprit.

LXXXVI

Les résultats de la pacification intérieure sont si grands qu'on trouvera petite quelque part de soi-même qu'on lui sacrifie.

LXXXVII

Une nuit, j'ai rêvé bien distinctement qu'une douce Madone, entourée de saints en robes rouges, occupait la chaire de Saint-Pierre. En faisant ma génuflexion, je lui demandai si je devais lui dire : « Votre Sainteté » ; elle m'avisa de la traiter de « Votre Douleur ».

LXXXVIII

La foi qui sent l'autre vie comme nous sentons celle-ci, qui la touche ou la voit, n'appartient qu'à bien peu. Une telle foi, si elle était générale, paralyserait la vie, arrêterait le train du monde, et l'attente deviendrait notre seule occupation. Dieu a donné au grand nombre juste assez de perception divine pour que nous ne nous avilissions pas dans les seules poursuites matérielles ; un faible rayon de spiritualité, c'est tout ce qu'il a mis en nous. Il ne nous a pas créés anges pour l'adorer tout le temps.

LXXXIX

C'est une sentence extrême que celle de l'Exode : « Je suis ton Dieu puissant, jaloux, qui punit l'iniquité des pères sur leurs enfants jusqu'à la troisième et à la quatrième génération », mais elle renferme la substance, l'essence de la justice. Pour l'humanité, prise dans son ensemble, c'est même un soulagement que la faute soit effacée au bout d'un certain temps par l'expiation. On peut dire que Moïse a bâti la loi morale sur le roc. Le roc, dans le cœur de l'homme, commence seulement à la couche de l'intérêt, du souci accablant, du père pour ses enfants. Les couches superficielles au-dessus ne sont que du sable mouvant, impropre à toute construction morale et sociale.

XC

La vie a été adjugée à chacun de nous sous un cahier de charges, qui nous reste inconnu. Notre principal souci doit être d'en déchiffrer les clauses, car les profits sont visibles dans la beauté et l'étendue du monde qui nous a été assigné.

XCI

Voulez-vous voir combien la loi religieuse diffère de la loi civile? Prenez, par exemple, la sanctification du dimanche. Est-ce qu'une disposition civile quelconque aurait pu garder intacte pendant quarante siècles la force que possède encore aujourd'hui ce simple commandement de ne pas travailler le jour où le Seigneur s'est reposé? Combien de revisions la Constitution mosaïque aurait souffertes et combien peu de temps aurait-elle vécu, si elle était un statut politique?

XCII

Ce n'est pas seulement pour l'homme, c'est pour

toute la nature que l'on doit regretter le peu qu'a duré la scène du Paradis. Si l'homme était resté innocent, le compagnon inférieur des anges, ne s'approchant jamais de l'arbre de la science du bien et du mal, une conjecture, au moins, on peut faire : il n'aurait pas exterminé les animaux de la création, il les aurait amenés à lui et fondus dans sa vie. De même pour la superbe végétation terrestre, il ne l'aurait pas détruite par le feu. C'est par l'amour qu'il aurait assujetti la terre, « et tout ce qui se meut sur la terre et en qui est une âme vivante ».

XCIII

La religion doit répandre la joie ; être la touffe de fleurs à la croisée du pauvre. La mortification ne serait admissible que pour réprimer la tristesse.

XCIV

Quand on vous présentera quelque plan de religion nouvelle, sans superstition ni absurdités, construit d'après les règles de la raison et de la science, demandez où en est la communauté. Si l'on vous dit que c'est à vous-même de bâtir le sanctuaire dans votre cœur, et que la communauté en sera seulement celle de votre conscience avec Dieu, répondez que ce n'est pas votre intention de vous séparer de l'humanité pour prier à l'écart.

XCV

Une religion qui a l'air nouveau ne saurait inspirer d'émotion religieuse. Aussi les origines de toutes les religions ont toujours été immémoriales.

XCVI

L'âme a ses sens comme le corps. La richesse des sons n'est pas saisie par les sourds ni celle des couleurs par les aveugles. Les vibrations religieuses n'arrivent pas non plus aux âmes où il manque le sens du divin, c'est-à-dire le récepteur dont l'imagination est pourvue pour recueillir les ondulations de l'infini.

XCVII

Il faut bien souvent un fait matériel pour nous faire saisir la vérité la plus intuitive. Les seules choses que nous voyions sont celles qui nous parlent à notre passage. Autrement, on passe à côté de la mer ou de la montagne sans les voir ; de l'oiseau ou de l'enfant sans les entendre. De même on passe à côté de Dieu. En tout il faut l'appel, pour les sens comme pour l'esprit.

XCVIII

Dans certaines régions, qui sont les cimes de l'esprit, aucun art ne pourrait vivre. Le mot, en effet, y perd tout timbre, toute couleur, tout mouvement ; il n'y vaut que lorsque, par sa parfaite transparence et son entière immobilité, il n'intercepte pas la vision directe du cœur et n'éveille pas la pensée de son rêve.

XCIX

En effet, la pensée religieuse a une tendance à se maintenir à l'état « gazeux », où elle reste intraduisible. Si on fait un effort pour la fixer et la rendre par des mots, on réduit le fluide à un tout petit point condensé, c'est-à-dire saisissable à l'intelligence. A dégager l'idée de l'état d'esprit où vous étiez suspendu, la pensée de l'émotion, le meilleur de la rêverie s'évapore.

C

La symbolique est le vrai trésor de l'humanité, car elle en garde les pieux souvenirs d'un âge qu'aucun reliquaire n'aurait pu préserver. Bien des traditions ainsi recueillies sont comme perdues pour nous, mais, ainsi que pour les richesses enfouies dans les mots, on espère toujours que la science découvre de plus en plus celles qui sont gardées dans les symboles.

CI

Si on me prouve qu'un rite de l'Église n'est que

la transformation d'un rite païen antérieur; que l'encens était déjà brûlé dans les temples romains; que le prêtre tourne à la messe les mains comme le sacrificateur ancien, on ne fait pour moi qu'ajouter un prestige de plus à la cérémonie qu'on veut détruire. C'est un curieux système, pour déraciner une croyance, que de montrer à quel point les racines en sont profondes. Il y a pourtant des esprits pour lesquels le coup le plus sûr qu'on puisse porter à une institution, ou à un usage, c'est d'en exposer l'ancienneté.

CII

Adveniat regnum tuum. Nous prions pour le règne de Dieu à une de ces distances où la vélocité vertigineuse se transforme pour le spectateur en une parfaite immobilité.

CIII

Rien n'est plus opposé à l'impression qu'un livre religieux doit causer que la sensation littéraire.

CIV

Le peuple dans son instinct a mis à part pour les classer un mot qui exprime la seule ambition de ce genre d'écrivains, qui est d'*édifier*.

CV

Les phrases les plus simples de l'Imitation ont

un feu intérieur qui brûle l'âme du croyant, mais elles ne disent rien à l'indifférent.

CVI

Ce sont les enfants, nos enfants, qui posent d'une façon définitive le grand problème du monde moral. Si l'humanité était stérile, la religion ne lui serait jamais venue à la pensée.

CVII

Changez d'idées si vous voulez, comme la jeunesse légère change d'amours, mais en vous rappelant que la religion est la seule mère désirable pour vos enfants.

CVIII

Omnis potestas a Deo. Ne pourrait-on ajouter — et toute religion? La conscience religieuse des races est tenue dans une séquestration absolue du dehors, comme les puits d'une place assiégée. En fait de religion, les générations qui se suivent n'ont d'autre mouvement que la rotation héréditaire, les individus qui y échappent ne comptant pas pour le présent. Suivre la foi de ses ancêtres est partout considéré honorable et ne saurait donc jamais être une faute pour personne. La religion du Christ, pour être la seule vraie, — puisque par elle l'homme a perçu le rapport exact et définitif entre la créature et le Créateur et a connu sa condition morale sur la terre : la valeur de la vie et le prix de la mort, — n'a pas été le seul élan sincère de l'humanité vers Dieu. Les autres religions ont aussi été des faits divins, en ce sens que les grandes lignes de la destinée humaine sont toutes divines ; seulement, elles auront été des faits divins provisoires. Chacune d'elles, dans sa sphère particulière, pour les races et les temps qu'elle a disciplinés et régis, a dû entrer dans les vues de Dieu, non pas pour les formes imaginatives qu'elles ont revêtues, mais pour le frein moral, l'inspiration et le support qu'elles ont été.

CIX

Les premiers chrétiens venus du paganisme ont dû éprouver le vide de la divinité sur la terre, car le païen la sentait avec lui, autour de lui, dans la nature, ou bien la pleurait comme un mort, un bien-aimé. Le christianisme, au sens extérieur, a été l'éloignement de Dieu de la terre. « Mon royaume n'est pas de ce monde » en marque le départ. Au contraire de l'art grec, qui exprime la vie en commun de l'homme et des dieux, qui nous montre la terre rajeunie, incessamment renouvelée par leur présence et leur joie, le perpétuel printemps de la vie, l'art chrétien exprime la nostalgie de la terre privée de Dieu. Sa légende pourrait bien être le « *Eli, Eli, lamma sabacthani?* »

CX

L'art gothique traduit nos rapports avec la divinité par une marche funèbre, exprimant l'agonie de l'âme ; l'art grec les exprime au contraire par une marche nuptiale. Il ne pourrait pas respirer dans les cathédrales du moyen âge : il les prendrait pour d'immenses mausolées, marqués au coin de la folie ; pour la pétrification d'abîmes tournés vers le ciel, avec leur profondeur, leur confusion, et leur vertige.

CXI

La plupart des esprits restent mineurs. Le peu d'hommes qui comptent dans l'humanité sont ceux qui ont su s'émanciper. Le courage intellectuel est le plus rare de tous les courages. Très peu de personnes ne sont pas effrayées de l'audace de leur pensée propre. Dieu répand par masses des révélations que l'homme refuse de recueillir et dont il a peur comme de la folie. Les réformateurs religieux ont été de ce peu d'esprits courageux qui prêtent foi aux voix intérieures.

CXII

L'âme se rétrécit. On sent dans le *Miserere*, par exemple, dans ces puissants *dele iniquitatem meam, amplius lava me, in peccatis concepit me mater mea*, la trace, l'ombre de péchés colossaux dressés devant la conscience et la saisissant de remords qui étaient des terreurs. Ces anciens remords ne sont plus possibles ; comme les armures d'autrefois, l'âme moderne ne saurait les porter. On ne rencontrerait aujourd'hui, pas même chez les fous, aucun de ces soulèvements gigantesques de la conscience, de ces fantômes intérieurs disparus. Nous n'aurions plus la force nécessaire pour les produire. Nos âmes ne se dédoublent plus qu'en vertus et en péchés rachitiques.

CXIII

Voyez. Telle est la bonté du Christ que les restes du cœur usé par les désirs lui ont semblé encore plus acceptables que la blancheur de la vie parfaite. Pour en être ainsi, il fallait que l'horreur de soi-même fît irruption du fond de l'être, comme une lave de repentir, où toutes les impuretés et souillures devinssent flamme ou feu.... Ces volcans du cœur ont une grandeur incomparable dans les *Vies des Saints* ; ils y dominent les vies paisiblement écoulées au fond de la vallée, et dont on peut dire qu'elles étaient les vergers de Dieu. Nous ne voyons plus de ces repentirs brûlants. Nous ne portons que des loques d'âme.

CXIV

Le bonheur après la mort consistera surtout dans la perte des aspirations que rien ne saurait assouvir. L'homme, en effet, doit paraître terriblement exagéreur aux êtres supérieurs, avec sa notion d'infini, d'absolu, d'éternel, appliquée à tout ce qui est de l'autre vie.

CXV

Si l'homme voyait Dieu, sans y être d'abord préparé, il serait probablement déçu; il trouverait la réalité inférieure à l'idée qu'il s'en faisait. En effet Dieu lui-même ne saurait contenter l'aspiration à l'infini, qui est sa maladie, une mégalomanie intellectuelle, causée par son ignorance de l'objet désiré et par l'effort d'une imagination impuissante à le concevoir.

CXVI

Dans l'esprit religieux toute une grande partie est remplie d'obscurité intentionnelle, voulue. On peut le comparer à un astre dont un des hémisphères serait toujours plongé dans l'ombre, tandis que l'autre serait au contraire toujours éclairé. Ainsi Dante. L'esprit positif n'a pas d'hémisphère noir. La moitié qui ne réfléchit pas la lumière du soleil en est toute éclairée par sa propre lumière. Ainsi Gœthe. Si l'on pouvait cependant découvrir un appareil pour mesurer dans celui-ci la puissance des rayons de ses deux hémisphères, on verrait que la lumière réfléchie en est chaude, féconde, éternelle, tandis que la lumière propre en est froide, intermittente, stérile.

CXVII

L'humanité dans l'avenir, serrée sur toute la terre, n'aura pas la même âme des temps où elle était clairsemée. L'homme isolé de l'homme par de grands espaces libres et l'homme entassé sur l'homme seront deux espèces morales distinctes.

CXVIII

Ne commettez pas l'erreur de penser à vingt ans que vous sentirez de même à quarante ou à soixante. Ceci n'est pas une raison pour vouloir penser à vingt ans comme si vous aviez déjà vécu, vous ne le pourriez pas, mais c'en est une, et bien forte, pour respecter en autrui votre propre maturité et votre vieillesse.

CXIX

L'humanité est-elle au beau milieu de sa carrière ou commence-t-elle à déchoir? Que le développement intérieur de l'homme est achevé depuis les anciennes civilisations, il ne paraît pas douteux. En aucun sens l'homme moderne ne saurait se croire le supérieur du Grec et du Romain. Il fera encore de grandes découvertes, des découvertes qui pourront même lui rendre la jeunesse, le faire revivre dans le passé, s'il y tient. Il se peut qu'il rencontre un jour sur la terre l'arbre de la vie que la Genèse dit y avoir été planté. Entre ces deux hypothèses : celle de la race humaine marchant tout entière vers la stérilité, comme partiellement elle y est déjà tombée parfois, et celle d'une humanité retrouvant, grâce à la science, son élasticité et son inspiration de jeunesse et s'en faisant une jeunesse éternelle, la plus probable en est que tout a une fin et que la vie des sociétés s'use comme celle des individus. L'homme, après avoir perdu beaucoup de sa force créatrice, avec l'imagination éteinte et le cœur tari, devenant tout à coup un dieu, c'est bien moins vraisemblable que son déclin, adouci par des vues de plus en plus larges de l'univers et par la joie des nouvelles révélations de la science, mais tout de même le déclin continu, certain, irrémédiable. Si le progrès devait être illimité, Dieu aurait réservé les Athéniens pour la fin.

CXX

La science travaillera, découvrira avec d'autant plus d'ardeur et d'anxiété que l'humanité se saura destinée à périr. A l'âge de la décrépitude finale l'homme disposera peut-être de réserves de force qui lui permettront de secouer l'éther. Sur son tombeau, qui serait la terre vide, il pourra dresser longtemps d'avance un luminaire qui ne s'éteigne jamais et qui soit vu des autres astres. L'homme pourra tout, excepté renouveler le souffle de vie que Dieu souffla sur son visage quand il le fit âme vivante. Ce souffle, on le sent se retirer de lui de plus en plus.

CXXI

L'hymne de la création de l'homme a été fait par Pic de la Mirandole. A l'homme naissant Dieu a donné les germes de toutes les formes de vie ; ce qu'il voudrait être, il le serait : plante, animal céleste, ange, fils de Dieu. L'être ainsi ressemblant aux espèces divines s'efface de plus en plus dans la pénombre du passé ; il ne s'annonce pas de plus en plus dans l'avenir. Au fond, l'homme reste le même qu'il a toujours été, comme espèce naturelle ; à peine, d'âge en âge, un peu plus vieilli. Ce qui frapperait davantage un Grec dans l'humanité actuelle, ce serait sa vieillesse.

CXXII

Pourquoi, en effet, y aurait-il un progrès illimité pour une seule espèce de la nature ? Il est beaucoup plus simple d'imaginer l'homme comme étant le premier échelon de la série pensante dans l'univers.

CXXIII

La vraie science ne sera toujours que l'échafaudage que l'homme bâtit sur ce qu'il voit pour atteindre à ce qu'il ne verra jamais.

CXXIV

Il y a des propositions tellement suggestives qu'on

peut les appeler magiques pour les perspectives qu'elles vous ouvrent. Voyez cette phrase d'un astronome : « Ce n'est pas l'état actuel du ciel qui est visible, c'est son histoire passée ». Quel coup de baguette ! Quelle transformation soudaine ! Pensez-y. Peut-être tout ce que nous voyons et verrons toujours dans l'espace n'existe déjà plus depuis des âges ! Comme Dieu prolongerait ses illusions ! L'univers aura vécu dans une illusion éternelle ininterrompue.

CXXV

Faut-il nécessairement que, au ciel, on sache la trigonométrie ou la physique? Pourrait-on même concevoir des existences de beaucoup supérieures aux nôtres et capables de passer notre baccalauréat? La loi d'Archimède a dû pourtant paraître au Créateur bien ingénieuse.

CXXVI

Le positivisme n'est, au fond, qu'un *modus vivendi* intellectuel, une sorte d'opportunisme philosophique.

CXXVII

Par imagination et par amour, l'homme, dans sa petite sphère, est surtout un créateur. Au-dessus de lui doivent exister des séries et des séries d'êtres ayant la même faculté créatrice dans des bornes de plus en plus larges. En effet, ce besoin de créer propre à notre imagination ne peut manquer de révéler le caractère de l'intelligence, comme le mouvement, par exemple, révèle le caractère de la lumière. Or, l'intelligence doit avoir la même nature partout dans l'Univers, comme la lumière l'a aussi loin qu'on peut la suivre.

CXXVIII

Je ne voudrais pas, pour l'Église, de retour au passé, à l'intolérance surtout ; bien des choses qu'elle a combattues méritaient leur victoire ; ce n'est pas elle toujours qui a guidé la marche humaine dans sa direction définitive ; mais chaque jour le rôle de la religion chrétienne sous sa forme unitaire, qui est le catholicisme, paraît plus grand et plus nécessaire.

CXXIX

Les anachorètes n'ont connu que deux états : l'état de prière et l'état de sommeil, et probablement ils priaient même en dormant.

CXXX

La foi n'est pas la certitude matérielle. J'ai foi que je n'entrerai pas dans le néant, que je survivrai de quelque manière ; c'est une certitude morale, une confiance, non pas une sorte de vision matérielle. Dieu n'a pas voulu que nous eussions la certitude matérielle de l'au-delà. Cela nous rendrait cette vie sans prix et sans intérêt. Adam eut, lui, la certitude, mais il a dû la perdre à la chute, et lui-même croire après que tout avait été un rêve.

CXXXI

A la fin de tout, si Dieu n'existait pas, la religion aurait eu un rôle, si possible encore plus beau, car elle en aurait tenu lieu.

CXXXII

Il n'y a que deux hypothèses pour la nature : celle des harmonies préétablies, ou bien celle des coïncidences fortuites, bien plus extraordinaires encore.

CXXXIII

« Pauvre Dieu ! », c'est le soupir du vieux saint à chaque pas qu'il fait hors de sa solitude.

CXXXIV

Les idées et symboles religieux ont pu être au commencement l'œuvre d'individus, mais ils nous sont arrivés usés par la piété de tant de siècles et de tant de races humaines qu'ils n'ont plus ni le sens ni la forme que leurs initiateurs leur auraient donnés. On n'y voit pas l'esprit qui les a imaginés ou conçus, de même que l'on ne connaît pas d'auteurs aux mots, lesquels prennent le sens, la portée, le caractère que les foules leur impriment. On n'y voit que l'assentiment, l'âme des siècles.

CXXXV

Sans le cloître, le culte resterait pour ainsi dire profane.

CXXXVI

On s'étonne que des esprits puissants comme saint Thomas d'Aquin aient passé une bonne partie de leur vie, le chapelet à la main, à répéter machinalement des *Ave*. On trouve le moulin à prières de l'Inde plus raisonnable. Ces personnes-là, entièrement étrangères à l'habitude de prier, ne se rendent compte d'aucun des états d'âme de celui qui prie. Si la prière a une raison d'être, elle est le plus sérieux et le plus élevé de tous les actes; si elle n'en a pas, c'est toute la religion qui tombe par terre et non seulement le chapelet.

CXXXVII

Il y a des esprits religieux qui ont très peu d'adoration et des adorateurs avec très peu de religion. L'adoration est un acte intellectuel qui concerne l'imagination, commun au poète et au philosophe;

la religion est la chaîne qui attache l'homme à son devoir et à son prochain sous la vue de Dieu. L'adoration à son plus haut degré est la fonction des anges. La religion est l'*adscriptio glebæ*, le servage humain résultant du péché.

CXXXVIII

Le manque de reconnaissance envers Dieu m'a longtemps paru un plus grand tort que le manque d'intérêt pour le prochain. Ce n'est que bien tard que j'appris par saint Paul que Dieu ne veut pas de rapports directs avec lui, qu'il les veut tous par l'entremise du prochain.

CXXXIX

La croix peut être lourde à porter, mais ce n'est que par elle que notre démarche s'équilibre.

CXL

Les systèmes philosophiques ne sont au fond que d'immenses travaux pour soutenir l'idée du devoir à laquelle on aurait enlevé son support naturel, qui est Dieu.

CXLI

La liberté est une sorte d'enseigne sur l'âme humaine qui peut être lue ainsi : *Rendez-vous de tous les démons.*

CXLII

Ce qu'il faudrait à la porte de l'âme, ce serait un chien féroce. Malheureusement, ce n'est qu'à la porte des saints qu'il en est un, et encore combien des plus prudents parmi eux n'ont été volés de tout ce qu'ils avaient amassé pour l'autre vie ! C'est seul l'ange gardien qui supplée à la garde, dans la petite mesure où Dieu le lui permet, c'est-à-dire, avec tout le respect dû à notre liberté.

CXLIII

La liberté est un don dont le sage n'a que faire. Pour lui, se conformer à sa stricte raison n'est pas un choix, mais une nécessité de sa nature. Il ne se sent jamais libre, puisque le devoir ne lui laisse pas la liberté de l'éviter. Se sentir libre serait pour lui une sensation comme de se balancer sur le vide.

CXLIV

Ce que l'on fait pour Jésus-Christ, cette prosternation à chaque heure sur tous les points du globe de millions d'hommes, depuis bientôt deux mille ans, donnant à la marche de la croix sur la terre la continuité, l'universalité et la splendeur de celle du soleil, montre bien que c'est par lui que la religion cessa d'être une barrière nationale pour devenir le grand chaînon terrestre.

CXLV

L'amour de Dieu enlève toujours nécessairement un peu à l'amour du prochain, mais sans lui ce dernier amour n'existerait pas. Si vous rapportez toujours votre pensée à Dieu, il est évident que le prochain, toutes les choses, y perdent, parce que vous souffrez moins de tout et aussi vous jouissez moins de tout, rien n'étant que secondaire à côté de cette pensée-là. Dieu serait ainsi une atmosphère qui absorbe un peu la chaleur des autres sentiments humains, mais aussi il est la seule qui puisse les conserver et les renouveler.

CXLVI

L'âme, pour se conserver pure au milieu des voluptés de la vie a besoin de bien puissantes écluses. Tant que ces écluses sont fermées, elle peut ne pas même s'apercevoir de leur existence, ou bien ne pas croire à leur nécessité. Mais si par malheur elles se rompaient, quels ravages ne causerait pas le barrage! Les saints du désert savaient bien la force dont les eaux se précipiteraient, si la digue était un seul instant entr'ouverte. Aussi, ils n'avaient foi que dans le desséchement du torrent.

CXLVII

Il y a ceci de terrible pour la vertu. Elle ne tarit pas les torrents de notre âme, elle les endigue, et si par hasard elle vient un jour à fléchir, tout le bien qu'elle avait fait est emporté par le flot déchaîné, les ravages excédant de beaucoup le prix des bienfaits. Même la vertu doit être proportionnée aux forces de notre cœur.

CXLVIII

Ceux qui reviennent de leurs égarements sans besoin des appuis extérieurs que Dieu d'ordinaire envoie aux faibles; qui, libres de leur personne, de leurs vœux, dans tout l'élan de leur jeunesse, restent purs au milieu de séductions qui ont tout leur prix pour eux; qui, maîtres absolus, ne reconnaissent pas l'inégalité des positions; qui, vivant dans la pauvreté, n'en veulent pas aux heureux, ne doivent pas se croire fondus en des moules d'exception. Ils doivent seulement rendre grâce à Dieu pour la petite pression à laquelle leur pauvre nature est éprouvée par lui.

CXLIX

La religion est certes le meilleur régime pour le cœur humain. Si celui-ci est livré à lui-même, au remous de ses désirs et de ses doutes, quelle violence et aussi quel épuisement prématuré! Le cœur, au contraire, à rythme religieux, bat d'une manière égale et uniforme.

La pulsation accélérée n'a de justification que chez le petit nombre d'hommes choisis pour avant-coureurs de leur race ou de leur époque. Ceux-là, comme le coureur de Marathon, doivent même mourir à la course.

CL

Si vous lisez en toute concentration une page mystique qui vous saisisse l'âme, elle vous emporte dans les hauteurs de la pure spiritualité et vous y manquez d'air. Il vous faudra alors, idéalement, quelque chose comme un souffle chaud de la Méditerranée ou des Antilles, une bouffée des orangers de Sorrente ou des lis des Bermudes, pour que vous rentriez dans la vie réelle, qui est la vie des sens.

CLI

Pour méditer, il faut que l'esprit se laisse emplir d'ombre du côté du monde, comme si vous teniez longtemps les yeux fermés, et attendre dans cette obscurité, après que les voix et les reflets des choses se sont éteints, qu'il se forme en vous un point lumineux, où vous vous concentriez. Beaucoup n'arrivent jamais à arrêter le cortège de rêves qui se forment aussitôt sous leurs paupières closes.

CLII

Il est cependant une impression que j'ai cru peut-être ressentir quelquefois dans le silence des églises lorsque tout le monde prie. C'est un état, comme celui où la musique vous aura tenu, où l'on perd, non pas connaissance, mais souvenir de soi-même.

CLIII

Ces transports dans l'infini ne sont que de courtes interruptions de la conscience personnelle. Endormez le moi par quelqu'un de ces narcotiques divins, la musique, la religion, la poésie, la charité, et vous devenez dans le demi-jour du sanctuaire un pur rayon de lumière, où il flotte à peine, comme des atomes, des brins indistincts de pensée.

CLIV

En tout, la perfection est une ascension âpre et fatigante ; elle tient la vie toujours en pente ; une pente qui devient de plus en plus forte à mesure qu'on monte. C'est une montagne dont le sommet plonge dans la mort. Nul n'y parvient vivant.

CLV

La science ne serait jamais que le culte d'une très petite parcelle de l'humanité. Les masses seront toujours partagées entre deux cultes : celui de Dieu et celui de l'argent.

CLVI

Rien ne fut jamais dans nos sens qui n'eût d'abord été dans notre idée. Ce sont les idées qui deviennent des sensations pour nous et non pas les sensations qui deviennent des idées.

CLVII

La gloire de ceux qui ont recherché l'obscurité est une violence qu'on leur fait. Les obscurs, par désir, ne devraient pas y être exposés. Pourtant, comme l'Église a raison en tout, la gloire des saints n'a rien qui ressemble à l'éclat, au bruit, à l'intrusion de la gloire humaine. La prière est de sa nature une pénombre. Les grandes fêtes de la religion ne peuvent être que la splendeur du recueillement.

CLVIII

L'esprit de ce siècle semble être un fatalisme, plus nombreux et plus impassible que jadis celui du Koran : le fatalisme de l'argent. Par sa tâche et par sa peine, la société appartient peut-être encore au Christ ; par ses vœux et sa pratique elle a passé à l'argent. Elle a fait son choix entre les deux maîtres que, selon l'Évangile, on ne peut servir en même temps. Heureusement ce choix ne pourrait être définitif, car l'argent amène la décomposition et les forces morales sont encore toujours susceptibles de renouvellement et même de résurrection.

CLIX

Priez quand vous composez. Il y a des sons au clavier humain que seul Dieu peut tirer.

CLX

Il n'y a que deux équations pour l'infini, ou bien il est égal à Dieu ou il est égal à zéro. Tous ceux qui le font égal à Dieu, depuis Platon jusqu'à Spinoza, appartiennent à la même race d'esprits.

CLXI

On peut être sceptique d'esprit et fervent de cœur. L'analyse peut démonter tous les fondements de la certitude, détruire toute espèce de critérium, et le cœur rester, tout de même, attaché à sa foi.

CLXII

Vox populi, vox Dei. La religion est la grande voix du peuple.

CLXIII

Devrais-je plus de reconnaissance au Créateur, s'il ne m'avait pas créé libre ; s'il ne m'avait pas détaché de lui par la liberté ?

CLXIV

La pensée, malgré tout, est une stérilisation. Il n'est pas à craindre qu'elle vienne jamais à triompher de la nature, qui est la vie.

CLXV

Quelqu'un vous rend un service, par reconnaissance vous voudriez lui en rendre un autre, vous n'en avez pas l'occasion, mais il se présente chez vous un inconnu auquel vous rendez un service pareil à celui que vous aviez reçu et dont vous ne vous étiez pas acquitté. Comme il ne vous avait jamais obligé, vous vous impatientez en vous-même du sacrifice qu'il vous a fait faire. Eh! bien c'est l'endossement de Dieu que vous avez payé. Dieu a procédé avec vous par voie d'endos. Il avait payé pour vous votre dette au premier et il a endossé en faveur du second la créance que vous n'aviez pas eu occasion de satisfaire. On peut toujours s'acquitter chez lui des dettes envers un tiers. Nous devons tout à Dieu, comme en comptabilité on doit tout à la caisse. Un tel me rend un service, c'est à Dieu que je dois, libre à lui d'endosser ma dette à celui-là même qui m'a aidé ou bien à un inconnu. Ne vous étonnez donc pas du porteur qui se présente pour recevoir ; c'est quelque obligation oubliée que Dieu n'a pas laissé prescrire.

CLXVI

La question n'est pas que l'auteur sente en lui-même ou dans son œuvre l'idée de Dieu, mais que nous l'y trouvions et l'en dégagions nous-mêmes. Gœthe, par exemple, a pu croire qu'il ne travaillait pas pour Dieu. La question est de savoir si l'infini n'est pas mêlé en telle profusion à son œuvre qu'elle suffit à étancher la soif de ceux qui en ont besoin autant que les autres grandes créations de l'esprit humain. Ce serait en effet inexplicable que le génie se dégageât de la couche religieuse séculaire, qui est le fond imaginatif de notre race, comme la négation absolue de ses propres origines. Négation apparente, il peut l'être, jouant ainsi le rôle d'*advocatus diaboli*, part, lui aussi, d'un grand système contradictoire dans l'apparence et dans le détail, mais homogène dans l'effet et dans la substance, aussi bien en art qu'en religion.

CLXVII

Le Pater est l'outil que Jésus lui-même donna à l'homme pour travailler son âme. Il est d'une seule pièce, c'est une œuvre liée en toutes ses parties et non seulement assemblée. Non seulement tout s'y tient, mais aussi tout se suit et s'ensuit; il a un ordre voulu de composition, une gradation sûre, une séquence logique. Et pourtant on ne le récite jamais d'une manière coordonnée, mais comme des prières détachées ou des élans non dépendants les uns des autres. *Notre Père*, d'abord, le cri d'amour d'où tout part, le salut de l'âme aussi spontané que celui de l'enfant, mais elle retombe aussitôt en elle-même et se sent devant le Dieu qui est *aux cieux*. Alors se suivent les phrases d'adoration : *que votre nom soit sanctifié,* nom que l'homme ignore; d'espoir: *que votre règne arrive*; de conformité: *que votre volonté soit faite.* Puis les demandes essentielles: notre pain de chaque jour; le pardon de nos fautes, avec notre engagement de pardonner nous-mêmes les torts vrais ou supposés envers nous; la grâce divine, sans laquelle nous ne pourrions faire un pas. Quand on a saisi, aussi superficiellement qu'il nous l'est donné, le sens de chaque phrase et de chaque mot, il reste encore à saisir le sens du tout: son étendue et ses limitations, ce qu'il tait, mieux que ce qu'il dit, et à quelque profondeur qu'on y arrive on sera toujours infiniment loin de pouvoir se représenter la vraie pensée du Christ quand il dicta sa prière. Lui-même n'a pu suppléer à l'insuffisance de la lettre pour rendre ou pour garder l'esprit. Dans sa clarté transparente et purifiante elle reste la prière mystérieuse par excellence. C'est que la lumière est un bien plus grand et profond mystère que l'ombre.

CLXVIII

Le développement complet de l'intelligence ne s'obtient qu'en laissant de nombreuses portions de l'âme s'atrophier dans l'indifférence pour tout ce qui n'est pas le but intellectuel qu'on poursuit. Dieu distribue le génie, comme il distribue la richesse ou la beauté, sans y attacher grand prix à juger d'après ses choix. On a si peu de raison de se croire un élu, parce qu'on a un grand talent, que parce qu'on aurait une grande fortune. Les préférés de Dieu seront plutôt dans les catégories des bienheureux dressées par le Christ. Il aime évidemment à verser son huile la plus fine dans les lampes les plus grossières.

CLXIX

Quand Jésus maudissait le figuier et que ses disciples s'en étonnaient, il leur dit : « Si vous avez de la foi et que vous n'hésitiez point, non seulement vous ferez comme j'ai fait au figuier, mais même si vous dites à cette montagne : Lève-toi et jette-toi dans la mer, cela se fera. Et tout ce que vous demanderez dans la prière avec foi vous l'obtiendrez. » La foi ne serait-elle pas la force inconnue de l'avenir, capable réellement de faire tomber par terre les montagnes? L'homme de foi ne sera-t-il pas une espèce nouvelle de maître du monde? Ne relèvera-t-il pas l'humanité jusqu'à lui, lui donnant le même degré de puissance? —

Tout est dans ce « *et que vous n'hésitiez point* ».

CLXX

Au commencement, à l'état inconscient, la religion a peut-être exprimé la terreur de l'inconnu, la peur de phénomènes inattendus pris pour des ennemis de l'homme; dans une seconde phase, déjà de conscience, elle aura exprimé le sentiment de dépendance où chaque jour l'homme se trouve, du besoin qu'il sent de protecteurs invisibles qui adoucissent la fatalité de la nature pour lui et les siens. Ce n'est que dans une troisième phase qu'elle aura traduit le besoin angoissant qu'il éprouve de concilier l'idée de Dieu avec la présence du mal dans la création, et de trouver ainsi une base pour l'organisation morale de la société. C'est en attribuant l'origine du mal à un ennemi de Dieu, en lutte perpétuelle avec lui, que l'homme a trouvé cette base-là.

CLXXI

La religion du Christ est le dernier développement de ce troisième état, où la religion devient sanction morale, le point d'appui de l'ordre. C'est elle qui crée l'autre vie, pour la liquidation des comptes de celle-ci, pour redresser les inégalités de condition et de sort en ce monde. Le christianisme seul empêche la banqueroute de la religion sur la terre. C'est Jésus-Christ qui a sauvé Dieu pour l'homme, en attendant qu'il sauve l'homme pour Dieu, ce pour quoi il a été incarné.

CLXXII

Si le christianisme était atteint dans son principe de vie, ce serait l'âme humaine elle-même qui tomberait en pièces. Le polythéisme, qui était la religion de la nature, religion purement extérieure, pouvait finir puisqu'il y avait encore derrière lui, après lui, la religion de l'âme ; mais derrière ou après le christianisme que pourrait-il y avoir comme religion, la religion objective naturelle et la religion subjective morale étant finies l'une après l'autre ?

CLXXIII

On viendra à reconnaître dans la prière une tare de dégénérescence, comme déjà dans le génie et dans l'œuvre d'art. Quelque savant de l'avenir la classera, pour la joie intime qu'elle cause, parmi les jouets des enfants, et, pour la crainte dont elle emplit l'âme, parmi leurs terreurs nocturnes. Il restera pourtant à comparer la solidité du cœur et de l'esprit aux âges de prière et aux âges où elle sera considérée comme un pur enfantillage ou une maladie de la peur.

CLXXIV

Avant l'homme la face de la terre avec ses habitants s'est renouvelée maintes fois. Des faunes et des flores aux formes innombrables se succédèrent comme des toiles de théâtre. Ces formes n'auraient-elles été que des essais, des dessins destinés à occuper le loisir du Créateur pendant la longue veille de la création de l'homme ?

CLXXV

Arrivé à l'homme, le Créateur engage sa responsabilité; il se crée une obligation; dans un certain sens il se donne un maître (tant qu'il mourra depuis pour lui), comme le père s'en donne un en son enfant. Jusque-là il n'avait fait que travailler négligemment le limon; sa main enfonçait au hasard, comme celle du potier, dans l'argile humide, et en retirait chaque fois une nouvelle ébauche de vie. Pour l'homme, cependant, il n'a pas travaillé seulement de ses mains; sa bouche même lui souffla son esprit, puisqu'il le fit à son image. De ce jour, par un contrat tacite, dont lui seul connaît la portée, Dieu s'est donné dans l'homme un associé pour la terre. La Genèse raconte comment l'homme aussitôt associa à sa part le démon, ce qui a terriblement compliqué son contrat de société avec Dieu, lequel, l'ayant créé libre, doit respecter sa liberté.

CLXXVI

« Tout en religion, l'on dira, revient à se demander : — Concevez-vous l'âme existant sans le corps? » D'abord, tout ne revient pas à cela. La religion, excepté dans un certain sens, celui de la valeur de la vie morale, ne dépend pas de la croyance à l'âme immortelle. Je puis croire que Dieu existe et que je suis un être comme ceux auxquels on n'attribue même pas d'âme.

CLXXVII

Quant à la question en elle-même — : « Concevez-vous l'âme existant sans le corps? » si par *âme*, vous entendez le système des forces qui mettent en mouvement la machine humaine, certes non, et à quoi bon? A quoi servirait le moteur sans la machine? Mais, si par âme vous entendez la pensée, l'intelligence, le sentiment moral, je la conçois très bien existant sans le corps, et même existant mieux sans le corps, comme je conçois une mélodie existant mieux transportée sur un instrument plus parfait que sur l'instrument grossier et incomplet où je l'ai une fois entendue.

CLXXVIII

L'intelligence existant dans l'univers a dû attendre l'appareil capable de la décharger à volonté sur la terre comme l'électricité a attendu la bouteille de Leyde.

CLXXIX

Cet appareil fut certes le cerveau humain, mais il est évidemment une bien petite machine pour résumer une si grande force, et je conçois parfaitement ce courant, que j'interromps plus que je ne conduis, se produisant infiniment mieux sur d'autres appareils d'ordre plus élevé.

CLXXX

L'esprit a en nous la conscience seulement de son conducteur, comme si la lumière se croyait une certaine bougie; un jour il aura la conscience de la substance et de la force commune : les bougies se sentiront lumière.

CLXXXI

Immortalité de personne ou immortalité de substance, que sera-ce? Personne jamais ne résoudra ce problème.

CLXXXII

Ne sentez-vous pas la différence entre l'idée et le son, ou entre l'idée et la lumière? La différence, quant à l'âme, entre le spiritualiste et le matérialiste est que le dernier range l'immatérialité elle-même, ou ce qui nous semble tel, c'est-à-dire l'idée, dans le domaine de la matière proprement dite. On peut le comparer à un phonographe d'Edison, concluant que la pensée qu'expriment les sons qu'il enregistre est elle-même enfermée dans sa plaque.

CLXXXIII

L'immatérialité de l'idée est sentie par nous aussi distinctement que la matérialité du rayon.

CLXXXIV

Croyez-vous que l'homme vienne jamais à sentir, avec le progrès de l'analyse, la matérialité de sa pensée? Quelle est la découverte physiologique ou physique qui pourrait éclairer, je ne dis pas résoudre, le problème de la constitution intérieure de l'âme? Aucun psychologue ne saurait l'indiquer d'avance; aucun ne pourrait dire : « Que je trouve ceci ou cela, et j'aurai démontré la matérialité de l'idée ». Jusqu'ici on n'a rien saisi de l'esprit dans les laboratoires.

CLXXXV

La joie des matérialistes quand un savant explore une portion inconnue du système cérébral est bien naïve. Autrefois on ne connaissait rien de l'appareil, on ne connaissait que le fait intellectuel. Aujourd'hui la science cherche à localiser ce fait, ou ces faits. Quand elle aura terminé sa carte du cerveau humain qu'aura-t-elle avancé par rapport au mécanisme cérébral? Et quand elle aura découvert le secret de ce mécanisme en quoi aura-t-elle avancé par rapport à la nature de la pensée même?

CLXXXVI

Supposons qu'elle puisse dire, par exemple : « Voici une combinaison de cellules qui aurait produit à nouveau une telle phrase de Mozart. » Eh bien, où est-ce la *matière*, ou le fluide, le *nihil*, de cette phrase même, **non** pas comme son, mais comme idée?

CLXXXVII

Vouloir connaître l'esprit par le cerveau, c'est comme de chercher sur le violon le génie du compositeur qui en a joué.

CLXXXVIII

Chaque découverte en psychologie rendra au contraire le problème psychologique chaque fois plus compliqué, toute découverte amenant une série nouvelle d'inconnues.

CLXXXIX

Les matérialistes disent : « Il n'y a pas de fonction sans l'organe ». Et après? Comment déduit-on la matérialité de la fonction de la matérialité de l'organe? Prenez le violon aux mains du virtuose. Vous concluez à la matérialité de la mélodie, car elle est rendue par des cordes; c'est du son, des vibrations de l'air, mais comment pouvez-vous inclure l'imagination, la pensée, l'âme, qui crée la phrase, dans la matérialité de l'effet sonore?

CXC

Et quant à la formule même, pour faire dépendre l'esprit du cerveau d'une manière complète et inséparable, il faudrait ajouter à la proposition : « Il n'y a pas de fonction sans organe », cette autre proposition : « La fonction de chaque organe lui est exclusivement propre et ne peut être produite que par lui ». De cette façon, oui, l'intelligence resterait le privilège du cerveau.

CXCI

Vraiment! Il n'y aurait alors d'autre image intellectuelle de l'univers que dans le pauvre cerveau humain. Ne vous paraît-il pas là la même supposition que celle du sauvage, que seuls deux morceaux de bois frottés peuvent produire le feu ?

CXCII

Les forces n'ont pas d'organe fixe, voilà ce que la nature vous montre; à moins que vous n'appeliez organe l'éther, ou le milieu. Quel est l'organe du mouvement, de la chaleur, de la lumière, de l'électricité, dans le sens où le foie est l'organe de la bile ? Les forces ont des véhicules, des appareils transitoires et multiformes. Comment savez-vous que l'intelligence est une fonction, dont le cerveau est l'organe spécial et non une force universelle, dont il n'est que le premier appareil connu par l'homme, comme l'ambre jaune l'a été longtemps pour l'électricité?

CXCIII

L'intelligence, ou la conscience de l'univers, est

autant une fonction du cerveau que le ciel est une fonction de la nappe d'eau qui le reflète.

CXCIV

La science est certes dans la vraie voie en voulant connaître le secret du cerveau. L'homme a un organe qui est évidemment le laboratoire ou le conducteur de sa pensée, et l'effort qu'il fait pour en pénétrer les plis cachés est dans la meilleure direction possible du *nosce te ipsum*. Les découvertes arriveront peut-être à rendre sensibles les différences cérébrales du peintre au musicien, du prêtre au marchand, et la médecine pourra un jour prescrire selon les vocations.

CXCV

Mais, en admettant la plus parfaite localisation des facultés intellectuelles, le calcul le plus exact des vibrations ou ondulations d'ordre spirituel, on n'aurait encore levé pas même le premier voile du mystère.

CXCVI

La nature a bien fait son œuvre et pris ses précautions. Les traces de notre création s'effacèrent avec elle et aucun organisme ne saura jamais le secret de son existence sur la terre et n'y pourra suppléer que par l'imagination et par le cœur,

CXCVII

Le catholicisme, s'il mourait comme religion, vivrait toujours comme art, ainsi que le polythéisme. Le tort du protestantisme a été de ne pas vouloir être imaginatif, d'expulser l'art de la religion, ce qui s'explique par le fait qu'il surgit pendant la Renaissance, au moment où la papauté était le plus associée avec l'art. Pour le protestant, tout art en religion c'est de l'anthropomorphisme, mais quelle forme d'anthropomorphisme a jamais surpassé l'Incarnation?

CXCVIII

C'est la terre qui tourne autour du soleil. C'est Aristote qui tourne autour de Platon.

CXCIX

En lisant Épictète dernièrement, il m'a semblé moindre, quoique toujours très grand. Le stoïcisme et l'ascétisme, c'est, au fond, la même chose, la suppression de la sensitivité humaine. Le Manuel d'Épictète pourrait être appelé le Manuel de la politesse de la créature. Les comparaisons en sont toutes prises aux fêtes, aux banquets, aux bonnes manières. L'homme apprend à se conduire envers le Créateur comme un invité dans un souper ou au spectacle envers son hôte. L'Évangile lui aussi contient de nombreuses comparaisons tirées de la vie mondaine, mais il apprend l'amour, la charité, non la simple bienséance de l'âme.

CC

On peut couper les ailes à l'esprit pour qu'il ne s'envole pas, comme le fait le positivisme, mais il vaut mieux le murer dans son enclos, comme le fait le matérialisme. Au moins ainsi on ne le mutile pas et on lui laisse la dignité du vol, pour lequel il a été créé.

CCI

Imaginez-vous un art, une religion, un fonds d'âme, *savants*? L'inconscient seul est vraiment fécond; il est le sol d'où jaillit la pensée inattendue, l'inspiration, qui est toujours une surprise, tandis que le conscient n'est que le fruit mûr, mais stérile, la fin de sa série.

CCII

Il y a eu le polythéisme, il y a le christianisme; y aura-t-il le scientisme? L'âme grecque ne pourrait renaître, rien ne revient dans l'histoire, et le chistianisme a broyé la grâce, χάριτα, dans la charité. Désormais il ne pourrait y avoir de religion sans la charité, et il l'a marquée à son coin.

CCIII

Il n'est pas contradictoire avec l'idée d'infini d'imaginer la nature divine comme étant de la même essence que certaines parties ou reflets dans notre âme. Très probablement, l'intelligence, l'amour, l'aspiration, l'idéal sont dans l'univers entier les derniers sommets de l'être, et il doit y avoir de tout cela dans la nature de Dieu, de même qu'il y a des traces de nos métaux terrestres dans la lumière des étoiles à des millions de lieues de nous. Nous devons avoir la confiance, l'orgueil, de penser qu'au-dessus de l'intelligence, de la beauté et de la bonté, il n'y a, il ne peut rien y avoir. Notre pensée, sans parler de nos sens, est certainement grossière et imparfaite, mais nous ne pouvons concevoir un être infini sans pensée, sans cette lumière intérieure qui est en nous. Quelque peu que nous en voyons, nous apercevons la communauté de l'univers, non seulement dans l'ordre physique, mais aussi dans l'ordre idéal. En ce dernier, nous sentons que l'infini doit être de l'essence du fini, le fini porté à sa puissance suprême. Ce sentiment est tellement humain que personne ne peut quelquefois s'empêcher de sentir que Dieu tient tout entier dans son cœur.

CCIV

Les grandes idées doivent être des clefs : pouvoir

ouvrir la porte à quelque intuition nouvelle générale, à quelque compartiment ignoré de l'esprit, ou bien du cœur même.

CCV

La science n'est pas la clef de l'infini, elle n'ouvre que les petits, quelquefois les grands appartements, de l'univers visible, qu'on pourrait appeler l'horizon de la terre. Les religions seules sont les clefs de l'infini. « De fausses clefs », direz-vous. Que vous importe, si elles réussissent à l'ouvrir tout de même. Il faut à l'esprit humain ce champ illimité.

CCVI

Dans un certain sens nous avons tous l'âme incoercible. Elle traverse l'espace et l'éternité dans une mobilité perpétuelle. Est-ce une faiblesse, un défaut, une maladie que ce désir, cette curiosité, ces associations rapides d'idées? Ou bien est-ce là la vibration universelle sur un être qui tient à la nature par toutes ses molécules, — lesquelles doivent s'y dissoudre, — et à Dieu par son rayon d'idéal, — lequel doit retourner à l'infini?

CCVII

Certes, je m'imagine dans quelques siècles la machine humaine bien transformée. L'intensité de la lumière la rendra transparente et le chimiste pourra y suivre à vue la marche de ses assimilations avec des moyens pour en corriger les défauts. Le corps humain sera alors pourvu de soupapes, de pistons, de gouttières, d'arrosoirs, de robinets, de miroirs, de batteries, d'hémomètres, de bilomètres, de névromètres, de gazomètres, Dieu sait quoi. Le mélange, la combustion, le drainage, le filtrage des substances dans l'organisme appartiendra autant à la science qu'à la nature. On se fera faire, qui sait, des jambes électriques et sans poids, des mains plus perfectionnées, les sentiments, les enthousiasmes, les élans auront des registres visibles pour tous, qui en garantiront la sincérité et en laisseront mesurer la sympathie. Le plus difficile sera de faire éclore des idées à volonté, mais encore en cela il y aura moyen d'arriver à opérer sur les sens, pour en régler les impressions, et sur les souvenirs, pour en réveiller, à volonté, les notations, les plaques intérieures du cerveau, pouvant être lues comme celles d'un phonographe. Avec des appareils très délicats on pourrait ainsi saisir non seulement le passage des sons par les cordes d'une harpe, mais même leurs affinités intimes dans le cerveau du compositeur. Cet homme, devenu une machine, sera-t-il un perfectionnement physique de l'être naturel? Je le doute fort, mais j'ai la certitude qu'il serait en matière d'individualité un automate et d'imagination un estropié.

CCVIII

« Pour nous, notre vie est dans les cieux : c'est de là aussi que nous attendons le Sauveur Notre-Seigneur Jésus-Christ, qui réformera le corps de notre humilité en le conformant à son corps glorieux, par cette vertu efficace, par laquelle il peut s'assujettir toutes les choses ». (Saint Paul aux Philippiens, III, 20, 21). Je me demande d'abord si cela est bien rendu ou bien traduit, ensuite ce qu'il restera de nous quand Dieu fera cette opération de nous conformer à son corps. Il y a en nous une part d'intelligence qui pourrait être infiniment agrandie et le serait par la seule vue de Dieu; cette part est seulement dans notre corps comme la lumière est sur la lampe, et, comme elle a une vie propre, capable de se développer sous le même souffle qui l'a créée, je comprends qu'elle « se conforme au corps » de Dieu. Et le moi ? Dans le moi il y a la personne qui a aimé, voulu, senti. Toute cette partie personnelle de nous-mêmes je ne la comprends pas agrandie à la mesure de Dieu.... Celle-là doit passer. Mais il y a aussi une partie de nous-mêmes, la conscience affaiblie du rayon divin que nous sommes, et cette conscience, qui est le vrai *moi* immortel, je me la figure partageant le destin de notre intelligence, dont elle est le plus haut point.

CCIX

Dieu fera un jour rentrer en lui toutes les parcelles qu'il a tirées de lui-même. Il aurait pu dire à l'âme : « Tu es divinité et tu retourneras en divinité », lorsqu'il dit au corps : « Tu es poussière et retourneras en poussière ».

CCX

Le moi, comme nous l'aimons, est la pensée, la délectation de l'esprit captif. Dieu ne saurait se réjouir à l'idée humaine du moi, qui est une contraction en dedans et non un rayonnement en dehors.

CCXI

La religion ne doit jamais oublier qu'il y a eu toute une éternité sans la terre et sans l'homme. Mais comme il est de la nature du Créateur éternel qu'une éternité le sépare de toute chose créée, il doit être aussi de la nature de l'esprit qu'une fois créé il devienne à son tour immortel. Dieu ne l'aura pu créer à son image qu'en le prenant en lui-même et en le rendant indépendant de sa substance comme les projections que les astres envoient au delà de leur orbite. La liberté, pour les esprits ainsi créés, n'a été que l'affaiblissement, ou l'interruption, de l'attraction divine. C'est ainsi seulement que le mal aura pu procéder du bien et devenir immortel comme lui, l'immortalité étant de l'essence de l'esprit.

CCXII

L'homme évidemment appartient aux dernières sphères de la spiritualité, celles où le mal dispute la domination au bien. D'autres sphères doivent exister où le pouvoir du mal devienne de plus en plus faible, ainsi que d'autres où il ne puisse plus atteindre. Celles-ci forment la vraie orbite divine, le cercle du Bien éternel.

CCXIII

Prenant le christianisme comme foyer d'inspiration, d'art et de poésie, on peut dire qu'il n'a pas eu la force créatrice, la fraîcheur et la fécondité du polythéisme. Il n'y a rien dans tout le champ de l'imagination qui puisse être comparé à la mythologie. (Pourtant le récit entier de la Genèse est aussi une source inépuisable d'imagination). Le but, l'objet de la religion n'est cependant pas l'art, mais le cœur humain, car ce n'est pas le génie, c'est le cœur, qui souffre. Ce qu'elle doit donc être, avant tout, c'est un foyer de consolation, de résignation, d'espoir. En tout cela le christianisme est bien autrement puissant que le polythéisme, puisqu'il a créé l'autre vie.

CCXIV

Voici une phrase de Quinet : « Luther l'a dispensée (l'Allemagne) de Robespierre et de Danton ». Le réformateur serait-il comme un train composé au commencement d'un seul fourgon, mais auquel s'ajouteraient de station en station, de siècle en siècle, des wagons sans nombre? Luther lui-même n'aura pensé qu'à protester contre l'autorité absolue du pape au sein de l'Église, mais on y ajoutera la liberté de conscience, la critique religieuse, Robespierre et Danton évités, c'est-à-dire une sorte de Révolution française pacifique, le conservatisme progressif anglais, en somme tout, même le monisme de Haeckel. N'est-ce pas là un extraordinaire convoi pour une locomotive qui est partie toute seule d'un couvent, on peut le dire, du moyen âge, car Luther est encore le moyen âge, lequel s'est prolongé en Allemagne plus que dans l'Occident?

CCXV

L'erreur de cette boule de neige historique est d'abord qu'il n'y a pas eu un tel enchaînement; ensuite, que l'esprit de Luther, entièrement triomphant, aurait développé un absolutisme spirituel bien plus systématique que celui qu'on le vante d'avoir brisé. La Réforme a été un mouvement contre la liberté d'imagination, que la Renaissance représente, et sans la résistance gréco-latine le génie de Gœthe lui-même en aurait été stérilisé.

CCXVI

Quelle est au fond la moralité de la science? — car la science ne saurait échapper à la morale pas plus que l'art, que souvent on a voulu, mais en vain, en affranchir. Il y a deux natures de savant. Il y en a un qui se fait de son métier toute sa religion, il est le prêtre et le croyant, quelquefois de l'infiniment petit. La découverte qu'il a eu la chance de faire n'est pas pour lui comme un cadeau de Dieu; le hasard, l'attraction, la divination, qui l'a porté sur le terrain où il l'a recueillie, lui échappe; il ne voit que son effort, sa ténacité, son génie. Par le fait, son intelligence est viciée. Il croira facilement à ses observations; il se confère, sans s'en douter, le don de l'infaillibilité, et au fond il sera à ses yeux le vrai créateur du brin animé auquel son nom restera attaché. Et, de la découverte de ce brin animé, il arrivera à la conclusion que Dieu n'a pas de place dans l'histoire naturelle. Pourtant son œuvre est un mélange de vrai et de faux, d'intuitions géniales et de suppositions enfantines, et, comme toute encyclopédie, aura vieilli au bout de quelques années. Ses pensées les plus hardies paraîtront aux siècles suivants de pures puérilités, comme les théories du moyen âge le paraissent à lui.... L'autre est le savant qui travaille, lui aussi, l'infiniment petit, non en vice-Dieu, au besoin en Dieu, mais comme une humble créature qui n'oublie jamais la distance qui la sépare de son Créateur.

CCXVII

Prenez une phrase comme celle de saint Paul aux Corinthiens (épître 1re) sur la charité. Cela est fondu comme une cloche que rien ne pourrait fêler. Un homme qui écrit pour répandre une loi morale ne peut avoir qu'un style, celui de la vérité nue. L'art de la parole serait pour lui une pure jonglerie; il ne se soucie pas du carillon qui ne doit durer que des minutes, mais de la série infinie des résultats que tout principe moral porte en lui. Le plaisir littéraire, la volupté des raffinés, n'existe pas pour ces déblayeurs d'âmes, ces éradicateurs d'affinités séculaires, ces redresseurs d'instincts déviés. Ils sont trop affairés pour s'amuser aux arts de l'oisiveté. Imaginez Hercule, au lieu d'une peau sauvage, portant, comme Alcibiade, le pallium de pourpre brodé d'or, ou bien saint Jean-Baptiste mangeant comme Lucullus des filets de murène au lieu du miel du désert, et vous aurez l'image d'un grand initiateur moral parlant la langue des blasés de la pensée.

CCXVIII

Le moindre écart de la règle que vous trouvez tracée pour vous à chaque marche, que vous montiez ou descendiez, de la vie, est ressenti par la foule qui l'a décrétée. L'esprit timoré du père de famille s'en abstient comme d'une excentricité compromettante qui le ferait déchoir. L'atmosphère sociale est la seule que la masse humaine puisse respirer, — il n'y a que les solitaires qui s'en affranchissent pour aller mourir oubliés dans le désert, — et l'esprit de charité en est l'antipode.

CCXIX

Car il y a, en effet, deux religions, celle que l'on affecte et celle que l'on pratique. Chacune d'elles a un code complet de principes, de devoirs, d'obligations, un système de conduite, réglé dans les moindres détails pour toutes les situations et tous les cas possibles, de la vie et de la mort. Ces deux religions se rencontrent familièrement partout, dans les mêmes maisons, dans les mêmes églises, elles se connaissent bien l'une l'autre : l'une est la religion du Christ, l'autre est la religion du monde. L'opposé absolu l'une de l'autre, elles trempent la pointe des doigts au même bénitier et lisent le même paroissien....

CCXX

La tendance des lois est de faire de la charité une affaire de police.

CCXXI

Dieu a mis dans notre cœur des sentiments; nous en avons fait des problèmes. Quelques-uns de ces problèmes il faut simplement les trancher, comme le nœud gordien.

CCXXII

Le souci dans la vie ne doit pas être de décomposer nos sentiments, pour voir en quoi au fond ils consistent. Ne démontez pas pièce par pièce votre personnalité pour en éliminer les parties apparemment inutiles ou les remplacer par d'autres de votre propre fabrication. Vous risqueriez de ne pouvoir plus jamais la rajuster.

CCXXIII

La police intérieure, celle des idées, des penchants, des désirs, est de beaucoup plus importante que l'extérieure, celle des actes et des rapports sociaux. Malheureusement, presque toujours, la police humaine ne commence qu'a l'extérieur de l'âme.

CCXXIV

Chacun de nous naît avec sa cellule dans le pénitencier terrestre. Ceux qui vont librement dans la vie ne sont que des évadés; plus tôt ou plus tard le bras du destin les rattrape. Le sage, ne sachant même pas de quelle génération date sa sentence, tâche de subir sa peine de manière à en mériter la grâce.

CCXXV

Peut-être le mot de Pascal : « Que le cœur de l'homme est creux et plein d'ordure! » s'applique même au saint. Mais le cœur du saint a un feu où il incinère aussitôt l'ordure.

CCXXVI

Le caractère n'est que ce qui est irréductible dans l'homme, et aucun n'a jamais été éprouvé à toute pression.

CCXXVII

Il y en a qui ont les défauts de leurs qualités, mais il y en a aussi qui ont les qualités de leurs défauts. Beaucoup d'honnêtes femmes, par exemple, auront dû leur vertu à leur manque de charmes, beaucoup d'honnêtes gens leur probité à leur manque d'intelligence.

CCXXVIII

Ne pas changer ne veut pas dire garder les mêmes idées et sentiments, mais les respecter toujours.

CCXXIX

Les sentiments envers les animaux sont une partie nécessaire de toute religion et de toute morale, — et pourtant ce côté-là reste encore intact, à polir, dans la nature humaine. On a de l'amour pour les bêtes, pour quelques bêtes, avec lesquelles on vit, mais on n'a pas le respect de la bête. Le droit des bêtes n'existe pas encore, mais pour sûr ce droit existera un jour et seulement alors le cœur humain sera vraiment adouci. Y restera-t-il encore des bêtes à ce moment là ? C'est là la question.

CCXXX

Jésus n'a montré qu'une seule antipathie : contre les pharisiens. Le pécheur lui inspirait pitié, mais ne lui causait pas d'aversion, le pharisien au contraire lui était intolérable. Le monde est gouverné par l'esprit pharisaïque.

CCXXXI

Le pire des états intérieurs est celui où l'on a peur de rester seul avec soi-même.

CCXXXII

Tout aujourd'hui semble matière à transaction. L'âme humaine est aux enchères.

CCXXXIII

La nature a donné aux petites bêtes peureuses un cœur élastique. Nous la soupçonnons de cruauté, elle est plutôt compatissante. Livingstone raconte quelque part que l'homme terrassé par le lion éprouve une sorte d'insensibilité. La cruauté, c'est-à-dire, la torture, paraît ne provenir que de l'ordre social, lequel d'un autre côté a diminué dans l'homme la force pour résister à la souffrance.

CCXXXIV

L'homme souffre beaucoup sur la terre, mais il n'est pas prouvé que la plus grande partie de ses souffrances ne résultent pas de l'ordre qu'il a institué plutôt que de l'ordre de la nature. La plupart des misères et des malheurs de la vie sont des torts que l'homme cause à l'homme et non des torts qu'il reçoive de Dieu.

CCXXXV

On se connaît mieux soi-même qu'on ne le montre.

CCXXXVI

L'hypocrisie est la lâcheté des meilleurs. La découverte la plus considérable pour la morale humaine qu'on puisse faire sera celle qui permettra à l'homme de lire la pensée des autres, de les voir sous leurs masques.

CCXXXVII

Il ne doit pas être incompatible avec le plan moral

de la création que Dieu signe de temps en temps des amnisties universelles.

CCXXXVIII

Le courage agressif est un reste de la férocité primitive, et pourtant on le trouve plus souvent allié à la bonté de cœur que le courage passif.

CCXXXIX

Le vrai chrétien ne devrait frapper personne, de peur d'en blesser l'ange gardien.

CCXL

La bonté acquise n'est pas la même que la bonté naturelle, mais elle arrive souvent à donner de meilleurs fruits que l'autre.

CCXLI

La vie est une affaire de détail, tout y est détail; si vous n'excellez pas au détail, vous ne réussirez pas dans la vie. La nature tout entière est une école de détail et Dieu en est le maître par excellence.

CCXLII

L'éducation des jeunes gens devrait se faire parmi

des ouvriers, en voyage, dans l'amphithéâtre d'anatomie, dans l'église, aux magasins, aux quais, dans les forges, sur mer, à l'imprimerie, à l'observatoire, à la maternité, aux hôpitaux, aux champs, aux usines, au marché, à la cuisine, chez les notaires, à la banque, au jury, etc. Ce serait un cours bien plus profitable que la monotonie de la vie d'internat. Chaque élève aurait une centaine de maîtres, mais l'éducation ne coûterait pas davantage pour cela. A la fin on choisirait une carrière, sachant à quoi s'attendre dans chacune, et ayant une idée générale de la vie en société. La moindre de ces connaissances ne serait inutile.

CCXLIII

L'école devrait être un tamis par lequel les différentes natures d'enfants fussent lentement passées, chacune à son tour. Elle est tout au contraire la cuve où elles sont mêlées avec tous leurs défauts et qualités pour fermenter ensemble.

CCXLIV

Si la famille nous ferme du côté des sens, elle nous ferme par contre du côté du monde. Ceci ne conviendrait pas aux prêtres. C'est là ce qui dicta à l'Église leur célibat. La famille est une île, souvent interceptée par une mer orageuse. L'Église veut qu'ils habitent la terre ferme.

CCXLV

La famille opère la conversion religieuse en concentrant l'imagination sur ce qui en vaut véritablement la peine. Le mariage n'est pas un éteignoir; il est un abat-jour.

CCXLVI

Quand il meurt quelqu'un qui vous a été cher, ne sentez-vous pas aussitôt qu'il y a une personne de plus à vous connaître et à vous voir intérieurement tel que vous êtes?

CCXLVII

Se marier, c'est conjuguer la première personne en troisième lieu.

CCXLVIII

La vie est une navigation toujours périlleuse, mais ce n'est qu'au moment où l'on voit son propre enfant essayer sa première voile sur cette mer toujours inconnue, qu'on se rend vraiment compte de tous ses dangers.

CCXLIX

Retenez pourtant ceci : la manière de rendre le bâtiment insubmersible, c'est de lui donner plus de profondeur religieuse sous l'eau que de bord intellectuel au-dessus.

CCL

C'est à nos enfants que nous payons notre dette envers nos parents.

CCLI

L'homme ne se place à son vrai point de départ que lorsqu'il comprend que sa vie continuera par ses enfants et qu'il faut qu'elle suive par eux la voie ascendante.

CCLII

La famille est un triangle dont l'hypoténuse est l'enfant. Le carré construit sur l'hypoténuse est égal à la somme des carrés construits sur les deux autres côtés.

CCLIII

Un peu d'amour peut suffire dans le mariage; hors du mariage tout l'amour du monde ne suffit pas.

CCLIV

Se marier, c'est comme bâtir pour soi-même sur son propre terrain; cultiver sa propre terre; embellir sa propre maison. Combien de personnes, après avoir eu de belles résidences temporaires, ne se trouvent à la fin sans foyer pour avoir éparpillé leur temps et leur goût à faire des améliorations dans le bien d'autrui? Le propriétaire, présent ou futur, se les approprie sans avoir à les indemniser.

CCLV

Ce n'est que dans la famille que l'amour est vraiment à nous, qu'il ne prescrit jamais contre nous, qu'il accroît notre petit domaine, en perpétuant notre titre. Rien ne s'y perd. Toute affection est un emprunt ou une avance qu'on fait sur gage sûr et réciproque; le progrès de chacun des associés profite à tous; le fonds transmissible ou héréditaire en augmente, et, à la fin de la vie, on sent qu'on n'a pas perdu son dévoûment et son amour, mais qu'on les a employés de la seule manière dont ils ne se dissipent pas.

CCLVI

Pour rester bon on doit souvent, surtout la femme, renoncer à plaire. L'amour est de toutes les blessures la plus dangereuse qu'on puisse faire à une vie, car ce n'est qu'un très petit nombre de cœurs qu'elle n'envenime pas.

CCLVII

Le seul amour noble est celui qui affranchit.

CCLVIII

C'est en général aux péchés de la vie que l'on donne le nom d'illusions perdues.

CCLIX

Il n'y a pas d'opération plus délicate que de détacher ce qu'il est permis de garder d'un sentiment qui a été un péché. On voudrait l'absoudre de ce qu'il a eu de délictueux ; le regretter comme péché et l'aimer comme souvenir innocent. Deux êtres qui se sont aimés indûment peuvent se repentir de leur faute ; le peuvent-ils de s'être aimés ? Leur est-il défendu de garder dans leur contrition un attachement réciproque, comme s'ils s'étaient entièrement purifiés ?

CCLX

Une voix plaide toujours, chez ceux qui se sont aimés, le pardon des torts réciproques. C'est peut-être qu'ils seront un jour compagnons dans la peine comme ils le furent dans la jouissance.

CCLXI

Le cœur ne se donne par morceaux que quand il commence à s'atrophier.

CCLXII

La pêche à la femme, ou à l'homme, peut bien être un plaisir, mais il ne faut pas oublier qu'on y est soi-même l'amorce.

CCLXIII

On ne peut pas analyser son amour ni sa sympathie. Vous verrez pourtant toujours des personnes s'expliquant pourquoi elles aiment ou préfèrent quelqu'un.

CCLXIV

Jamais l'amour de deux êtres n'est provenu de la même cause; on s'aime toujours sous des influences différentes et souvent contraires.

CCLXV

En amour ce sont les créanciers les plus anciens qui ont moins de droit au paiement.

CCLXVI

Il y a des femmes qui se placent à côté des amours orageux pour en recueillir les débris.

CCLXVII

Être sensible à de petits ennuis au milieu d'un grand bonheur, c'est déjà une infidélité à l'amour.

CCLXVIII

Dans les faillites de l'amour, ce qui n'est que regret pour l'homme est tache pour la femme.

CCLXIX

L'amour a deux caractéristiques sûres : l'exclusivisme et la suffisance.

CCLXX

Il n'y a que deux occupations pour certains esprits, ou d'aimer ou de penser.

CCLXXI

Les passions sont au moi, les idées sont à l'esprit.

CCLXXII

La femme n'est jamais reconnaissante à qui la sauve d'elle-même. Homme, elle le soupçonnera d'indifférence ; femme, d'envie.

CCLXXIII

On ne peut ni aimer ni penser dans le vide.

CCLXXIV

Ceux que le destin veut dominer, il les induit d'abord à aimer.

CCLXXV

Le destin agit sur notre vie à ses points d'intersection.

CCLXXVI

Il y a des femmes qui font l'effet de jolies maisons tenues par des gens vulgaires. L'impression définitive du corps humain vient de la personne qui l'habite. Avant de connaître la personne ne vous prononcez pas sur l'habitation. Un trait intérieur détruirait soudain toute votre illusion. Le regard est plus important que les yeux, le sourire que la bouche, le geste que la main, la marche que le contour, la voix que les traits, et comme c'est dans l'expression qu'il y a le plus d'art, le plus d'artifice, le plus de déguisement, tant que l'âme vraie ne se sera pas montrée, méfiez-vous de prononcer un jugement. Ce serait parler de ce que vous ignorez entièrement. Rappelez-vous que la beauté n'est pas l'affaire d'une pose; qu'elle ne comporte ni des réserves ni des faux-fuyants; qu'elle doit paraître en toute simplicité et en toute vérité pour être vraiment la beauté. Le monde, hélas, est un salon où les œuvres d'art exposées ne sont presque jamais authentiques.

CCLXXVII

La nature ne suffit ni à l'homme qui a soif d'amour, ni à celui qui en est rassasié.

CCLXXVIII

Il n'y a que deux sources d'inspiration et de poésie pour l'homme : Dieu et la femme.

CCLXXIX

La poésie est au fond ce qui va du cœur de l'homme au cœur de la femme. On peut imaginer une poésie qui ne dise rien au sentiment de la femme, ou bien qui renferme le système du monde, comme, par exemple, les Vers dorés ou le *De Natura Rerum*, mais celle-là ferait mieux de s'appeler philosophie ou sagesse. La *Divine Comédie* elle-même pourrait-elle dispenser la plainte de Francesca da Rimini ou la vision de Béatrice? En elle-même la poésie se présente comme une transformation de l'amour; dans tout sentiment poétique, il y a une aspiration ou un regret d'amour. On la définit bien comme le dernier et le plus mystérieux lien d'un sexe à l'autre.

CCLXXX

Le règne de la femme viendra peut-être un jour, mais il faudra qu'il soit précédé par une grève générale de l'amour. Le sexe qui pourrait supporter plus longtemps le chômage finirait par triompher de l'autre.

CCLXXXI

En amour l'homme qui en appelle à la célébrité, à la richesse, au pouvoir pour se faire aimer, est dans une situation bien moins fière que celui qui est aimé pour lui-même.

CCLXXXII

L'imagination tue l'amour. Les artistes se flattent que leur amour est d'une nature bien plus élevée que l'amour vulgaire. C'est une illusion d'amour-propre. L'amour de l'artiste est un accident de son activité créatrice, en vue de l'œuvre qu'elle doit produire. Et cela doit être ainsi, car l'amour vrai, étant l'anéantissement dans l'être aimé, annulerait le génie même de l'artiste. Or, le génie est la machine la plus compliquée que la nature produise et elle est pour cela tenue de la munir de soupapes de sûreté en abondance.

CCLXXXIII

Le plus précieux cadeau que Dieu puisse mettre dans une corbeille de mariée est la chasteté. La chasteté est la sanctification du foyer : elle seule fera que les anges y descendent quelquefois pour jouer avec les enfants, qui en ont été séparés.

CCLXXXIV

La grande supériorité des natures chastes est qu'elles ont été créées complètes.

CCLXXXV

Un esprit chaste a besoin de bien peu.

CCLXXXVI

En tout les côtés les plus délicats et les plus rares du cœur et de la pensée, les petits sentiers, les abris cachés sont dangereux; il n'y a que la grande route, lavée de soleil, pleine de poussière, que foulent les masses, qui soit vraiment saine.

CCLXXXVII

Le devoir peut ne pas être toujours agréable au palais humain, mais il n'a pas l'arrière-goût amer du plaisir qu'on lui préfère.

CCLXXXVIII

Si l'on n'est pas égoïste, on est nécessairement pur. L'impureté est l'égoïsme suprême, quoique le plus inconscient et naïf de tous.

CCLXXXIX

Il y a des jours où la conscience est inerte, la vie

triste autour de vous, il descend de toute part sur votre âme une sorte de brouillard épais. Savez-vous ce que cela est? C'est l'évaporation de l'égoïsme qui est en vous, qui vous enveloppe et obscurcit. La transparence immuable de l'esprit, la joie constante de la vie, est le privilège seulement de ceux qui ont drainé l'égoïsme de leur âme, ou qui l'ont neutralisé par l'amour. Il ne peut plus produire alors que de légers nuages que le moindre souffle de la volonté suffit à disperser.

CCXC

Tout sentiment meurt lorsqu'il devient convention. Il n'y a presque que des conventions dans la vie mondaine.

CCXCI

La vie, qui était autrefois filée par les Parques et brodée par les fées, est aujourd'hui tissée à la machine.

CCXCII

Les uns se laissent envelopper par la vie comme dans un filet; d'autres se la coupent, comme un vêtement.

CCXCIII

Souvent une vie est perdue parce que là où l'on

devait mettre un point final, on a mis un point d'interrogation.

CCXCIV

Rien que par du bon sens, ne devrait-on pas considérer comme le peuple le plus avancé celui qui cultiverait avec le plus de soin le bonheur? Pourtant, même la philosophie, qui en était autrefois l'école, ne s'en préoccupe plus.

CCXCV

L'humanité aimera toujours à s'enivrer. Pour cela, elle n'a pas besoin de stimulants artificiels. L'ambition suffit.

CCXCVI

Très rarement les belles vies sont intérieurement heureuses. Il faut toujours beaucoup sacrifier à l'unité.

CCXCVII

Tant que l'on peut dire : « C'est mon sort », le regret, le chagrin, quel qu'il soit, est supportable. Si l'on se croit victime d'une persécution du destin, il y a à cette pensée quelque soulagement, car on doit compter que l'on est puni ici-bas même, ou que c'est une expiation de père en fils que l'on subit. Ce n'est que quand on doit s'avouer en toute sincérité : « C'est ma faute », et que cela a été fatal ou à ceux qu'on aime ou à ceux qui s'étaient confiés à nous, que le chagrin peut devenir accablant.

CCXCVIII

Il faut à la vie pour bien résister au changement de saisons une épaisse écorce d'indifférence.

CCXCIX

La meilleure vie est celle qui nous est imposée par l'arrêt sans appel de la conscience. Nous devons reconnaître que, une fois au moins, le plan divin de notre vie nous a été présenté ; que la chance nous a été donnée de nous y conformer, mais que nous avons préféré nous en tracer un autre. Il n'est personne qui n'ait en soi les fragments de ce plan, que la conscience aura approuvé, mais auquel nous n'avons pas donné de suite.

CCC

Il y a des journées où l'on voit tout nu le canevas du temps.

CCCI

Ce que chacun appelle sa mauvaise chance est en général la part du sort qui est échue à un autre. On voudrait tout pour soi seul.

LIVRE II

I

Il y a des machines à bonheur dispendieuses, qui en font un énorme gaspillage, comme il y en a d'économiques qui, des miettes du sort, tirent de la joie pour toute une existence.

II

Dans une vie profondément tourmentée, on pourrait souvent trouver du bonheur pour plusieurs autres vies. Avec le bonheur qu'un seul gaspille sans en soupçonner la valeur plusieurs auraient fait une joie pour toute leur existence, de même que les restes de la table du riche suffiraient à nourrir les pauvres.

III

Les vies sont comme les climats. Il y en a de riants, de doux, de tempérés, comme il y en a d'âpres, de froids, de venteux. Les races les plus fortes sont celles qui ont à lutter contre le climat;

les caractères les mieux trempés sont ceux qui ont eu à lutter contre la vie. Mais la douceur du climat, comme la douceur du sort, doit être tenue comme un don gratuit de Dieu et un certain ordre de récolte ne peut être obtenu que par la générosité même de la nature.

IV

La vie désirable est celle qui ne cause ni envie ni pitié aux autres.

V

Il est des cœurs auxquels rien que le malheur ne pourrait donner satisfaction entière. Il y a en eux un fond de larmes, auxquelles la souffrance seule peut ouvrir passage, et, tant qu'elles ne s'épanchent pas, ils en sont troublés et aigris. Aussi, quand l'infortune survient, toute leur activité est aussitôt mise en emploi. Si ce sont des hommes, ils deviendront même des saints; ils se voueront à la contemplation, à la charité. Si ce sont des femmes, elles feront les veuves et les mères inconsolables; l'amour remplit alors leur cœur, l'amour absolu..

VI

Toutes ces natures-là étaient nées pour la douleur. Sans elle, l'égoïsme ne les aurait jamais quittées, et par lui les hommes n'auraient été que des joueurs de leur propre vie, les femmes que des joueuses de la vie d'autrui. La douleur transformera le libertin en apôtre, la furie en sœur de charité. Elle est une domestication de l'âme bien autrement puissante que celle que Dieu souvent opère par la générosité de ses dons. Pour adoucir l'égoïsme, il n'aurait pas suffi de la lyre d'Orphée, comme pour la férocité des bêtes. Il ne se dissout, lui, que dans le fiel des larmes.

VII

Nous ne savons pas quelles parties de l'alimentation que nous prenons seront utilisées par nous. La façon dont le corps élabore la vie nous échappe entièrement. De même nous ignorons quelles impressions ou émotions de chaque jour se transformeront en notre esprit en aliments ou en toxiques. Un fait qui nous réjouit peut être cause d'une dépression profonde, comme un mets que nous avons savouré peut être cause d'une fatigue mortelle.

VIII

Ce qui rend le souvenir du passé quelquefois si douloureux, ce n'est pas le changement des autres envers nous, ce sont nos propres changements.

IX

Gardez le dévouement après avoir perdu l'amour,

la vénération après avoir perdu la foi, la reconnaissance après avoir payé la dette, la générosité après avoir retiré l'estime.

X

Si le vrai bonheur existe, il s'appelle fidélité; mais celui-là est le bonheur de ceux qui se passent de bonheur.

XI

Pour bien jouir de la vie il faut ne pas fuir le contact avec la douleur, mais en absorber toujours un peu, à la manière de Mithridate absorbant le poison.

XII

Dans les grands chagrins il faut prier pour des heures d'oubli. L'oubli est le sommeil de l'âme et elle a autant de droit au repos que le corps.

XIII

Le bonheur est l'admiration de ce qui est beau en compagnie de ceux qui nous sont harmoniques.

XIV

Qui pourrait s'oublier soi-même vivrait toute sa vie dans un monde sans mort.

XV

Les renonciations ici-bas seront toujours en raison de la durée de vie à laquelle on aspire : pour vivre dans ses enfants, il faut bien des sacrifices; pour vivre dans la postérité, il en faut de plus grands; pour vivre dans l'éternité, il faut renoncer à tout.

XVI

La vertu est la meilleure des économies, car c'est l'économie sans privation. La seule vraie épargne est celle que l'on fait sur soi-même.

XVII

La douleur sculpte en chacun de nous un être différent de ce que nous étions. Aux mains de la jeunesse, elle le sculpte en cire; aux mains de la vieillesse, elle le sculpte en marbre.

XVIII

Il y a bien plus de suicides dans le monde qu'on ne se l'imagine, seulement ce sont des demi-suicides. On détruit les plus belles portions de soi-même et non sa vie, voilà tout. L'homme qui s'ôte la vie est bien loin d'être celui qui s'est le plus déformé soi-même. S'anéantir tout entier, d'un seul coup, c'est en somme respecter davantage son être immortel que de le mutiler, en vie, de ses facultés, de ses aspirations les plus nobles. Le suicide est le plus grand des crimes contre Dieu, mais on ne peut pas dire qu'il soit la dernière dégradation de la personne humaine.

XIX

Le bonheur d'autrui répugne à certaines natures malheureuses autant qu'aux envieux eux-mêmes.

XX

On envie constamment en autrui ce qu'on aurait rejeté pour soi-même.

XXI

Les envieux s'envient réciproquement.

XXII

Il en est beaucoup qui se vantent, ou du moins se réjouissent, de n'avoir jamais rien dû ni demandé à personne. Certes, on doit être reconnaissant si Dieu nous a dispensé de demander pour recevoir; mais on doit l'être en toute humilité et sans se croire meilleur que celui qui a frappé à plusieurs portes. La dépendance est la loi humaine par excellence. Si vous en avez été exempté, c'est probablement que d'autres, avant vous, auront demandé pour vous, ou bien viendront après demander à votre place.

XXIII

Rien n'est plus commun que de rencontrer des gens qui comptent parmi leurs obligés ceux à qui ils ont refusé.

XXIV

Les esprits de même portée, comme les caractères de même trempe, ne sont pas faits pour se mêler.

XXV

Ne pensez jamais dans le vide. Ne cherchez jamais la pensée.

XXVI

Ne recherchez pas l'originalité. Elle est plutôt, en général, un signe de médiocrité. On n'a le droit d'être original que sans le vouloir. Pour faire le génie il ne suffit pas de l'originalité. Il faut que l'originalité soit l'expression de la pensée ou de l'aspiration universelle. L'originalité par elle seule est une qualité négative ; il faut l'ajouter à une autre pour qu'elle ait une valeur et celle-ci dépendra de la quantité positive qu'elle suivra.

XXVII

Comme le corps ne se nourrirait pas bien d'aliments déjà préparés pour entrer dans le sang, l'esprit ne se nourrirait non plus seulement de pensées toutes faites. L'estomac veut faire lui-même son travail, l'organisme tient à choisir ce qui lui convient et dont il a besoin; il ne se résignerait pas à une alimentation artificielle, qui ferait chômer toute sa machine. De même le cerveau. Il faut que d'une masse de lectures apparemment inutiles, d'idées incohérentes, il extraie lui-même son aliment et la matière première de son œuvre, c'est-à-dire qu'il vive de sa vie propre. Il ne pourrait pas se nourrir de pensée pure d'avance préparée pour lui être instillée.

XXVIII

Ce serait bien regrettable si les grands écrivains ne se servaient pas de leur talent pour mettre de nouveau en circulation les vieux lieux communs qui ont cessé d'avoir cours à force même d'usage.

XXIX

Souvent à cause d'une certaine ressemblance dans les mots ou dans l'idée, on dira qu'un écrivain s'est inspiré d'un autre pour avoir dit apparemment la même chose, à une très petite différence près. Si pourtant l'on saisit bien le sens que chacun d'eux y a mis, on verra qu'ils n'auraient pu s'inspirer l'un de l'autre; que leurs pensées ont jailli spontanément de sentiments opposés, de sources tout à fait différentes du cœur.

XXX

Il n'y a rien de plus futile que de vouloir estimer la puissance d'un sentiment ou d'une faculté, tant qu'ils sont à l'état de repos. Vous ne pouvez pas calculer l'amour que vous portez à votre enfant en le regardant dormir tranquille, il faut le voir sous la fièvre. De même vous ne saurez ce dont votre génie est capable que quand l'inspiration vous sera venue.

XXXI

Même la scénographie doit être vraie.

XXXII

Trouvez, si vous pouvez, une idée nouvelle, vous vivrez par elle, si vous en assurez bien votre brevet d'invention.

XXXIII

Est-il légitime de raisonner ainsi : « Tout ce que je puisse penser, ou bien vaut la peine d'être dit, et d'autres l'auront déjà dit avant moi, ou bien n'a jamais été dit, et donc n'en vaut pas la peine » ?

XXXIV

Quels sont les plus hauts sommets de l'intelligence? Où sont-ils? Dans la chaîne des mathématiques, de l'art, de la philosophie, de la politique, de la religion ou de la poésie?

XXXV

L'époque actuelle en fait de littérature sera pour la postérité comme une Tanagra. Et encore c'est du petit, mais ce n'est pas du fini, et la grâce en est toute artificielle.

XXXVI

Pour rajeunir, ou pour conserver la jeunesse de l'humanité, il faut des phases d'arrêt intellectuel. De temps en temps il convient une cure de bonne et franche stupidité. Le dépôt de la science pourrait pendant ce temps-là être mis sous la garde d'un corps de savants, comme les lettres grecques et romaines pendant le moyen âge sont restées à celle des moines. Qu'on ne laisse rien périr de ce qui est acquis, mais qu'on arrête toute production pour que la pensée puisse se refaire.

XXXVII

Dans des milliers de livres il y en a un qui est le thème, les autres ne sont que les variations.

XXXVIII

On trouve immodeste l'usage du *moi*; la forme personnelle est pourtant la seule qui exclut toute prétention. Vous traduisez ainsi les impressions reçues et n'émettez pas des sentences. L'écrivain qui se prive de l'usage du *moi* se constitue, de quelque façon qu'il s'y prenne, une sorte d'oracle.

XXXIX

Les belles pensées sont comme les lis, elles épuisent le sol.

XL

Très peu d'écrivains de profession laissent leur talent croître librement; ils le mettent presque tous en espalier.

XLI

Les auteurs de notre temps qui ont le plus la chance de devenir universels nous sont pour la plupart inconnus. En première ligne resteront les photographies, prises à la minute, de notre société, les portraits, les voyages, surtout dans des pays qui se transforment vite et perdent leur originalité, les scènes d'intérieur. Tout cela vivra à titre de documents, et plus d'une œuvre pour nous autres nulle sera conservée par l'avenir au même titre que les comptes en briques des marchands chaldéens.

XLII

Au fond, très peu d'écrivains se soucient de l'avenir reculé. Monter sur la rampe, être salué et acclamé, par les amis et les contemporains, cela satisfait leur ambition, leur exubérance de force intellectuelle. Paraître seul, détaché, quoique au premier plan, devant les inconnus de la postérité, leur semble plutôt une forme de mort que de vie.

XLIII

Nous aurons été l'âge du roman, ce qui veut dire, en parlant de la France et de ses satellites littéraires, qu'on s'est nourri intellectuellement d'adultère, comme au temps de Cervantes on se nourrissait de chevalerie. Et dire que le *Don Quijote* de ce genre de littérature n'a pas encore paru, c'est-à-dire qu'elle est encore bien loin de sa fin.

XLIV

L'homme de lettres est inintelligent en bien des choses, l'homme d'affaires le trouvera même stupide, pourtant il se croit le plus intelligent de tous partout où il se trouve. Il n'est rien de plus absurde que la supériorité qu'affecte l'artiste ou le poète de tout ordre devant un mathématicien, par exemple, dont il ne pourrait accompagner les calculs. Les littérateurs, surtout les poètes, sont les enfants gâtés de l'intelligence. Cela prouve que la vieille mère à toujours une faiblesse pour l'imagination. On en a toujours une pour les souvenirs d'enfance.

XLV

La tolérance est la vraie mesure de la culture. Elle en est même l'honnêteté.

XLVI

Une des fortes supercheries de ce siècle aura été le prestige de la presse. Derrière le journal nous ne voyons pas l'écrivain, à composer seul son article, mais les masses qui vont le lire, et comme cette illusion est générale, elles le répéteront en effet comme si c'était leur propre oracle.

XLVII

Il n'y a rien qui nous fatigue aussi vite que le talent, il nous épuise. Au bout de quelque temps nous éloignons de nous les auteurs aimés, et nous en reposons un instant avec plaisir.

XLVIII

Les modernes prétendent avoir de l'art grec la

conscience qui lui manqua ; ils pensent être les premiers à connaître l'idée que l'artiste réalisa dans la perfection, mais qu'il ne sut pas démêler. Tout art est pourtant accompagné d'une âme, la seule qui le puisse bien ressentir. Il n'y a pas d'usurpation plus indélicate en littérature, comme en statuaire ou en peinture, que, pour quelqu'un, de se croire la conscience vraie de l'œuvre d'autrui. En ce cas, l'honneur de la création reviendrait de droit au critique.

XLIX

On ne peut exprimer que des côtés de la pensée ; la pensée elle-même, en son ensemble, se retire dès qu'elle s'aperçoit qu'on veut la saisir.

L

Ainsi j'écris quelquefois une phrase au cours d'une impression, l'impression s'efface, la phrase reste, mais elle n'a plus de vie et ne dit rien. J'ai écrit, par exemple : « Sans faire la part de Dieu on ne peut jouir de rien ». Je puis trouver aujourd'hui bien des sens pour cette phrase, mais ce que je sentais et avais besoin d'exprimer, quand j'ai pris cette note fuyante, cela n'y est plus et je ne m'en souviens pas. La phrase est restée, claire de sens, d'un sens général et vague, mais vide du sentiment qu'elle a contenu. La joie intérieure qu'elle était destinée à conserver pour moi s'en est ainsi évaporée.

LI

Autrefois il n'y avait en littérature que les couleurs primitives ; on n'écrit aujourd'hui qu'en des couleurs fondues.

LII

Le génie, l'invention d'une époque deviendra la technique, le lieu commun d'une autre. Un flot d'idées nouvelles, de phrases d'imagination, qui ont tant coûté à leurs auteurs, entre chaque jour dans la circulation et devient bientôt le langage inconscient des illettrés.

LIII

Les plus grands talents sont ceux qui expriment avec plus de force et de spontanéité la naïveté des sentiments. Le génie n'est pas une fleur de serre ; c'est un lis, dont le bulbe grossier est la foule.

LIV

Je m'étonne qu'il n'y ait pas plus de fous parmi les créateurs de personnages tragiques, effroyables, surhumains. Vivant avec eux, de leur vie étrange et extraordinaire, dans un monde fantasmagorique, ces rêveurs de cauchemars, pendant tout le temps du moins qu'ils s'abandonnent à leur fantaisie, qu'ils l'excitent, qu'elle les tient, sont temporairement des fous. Je n'ai aucun doute qu'une très forte littérature pourrait être ainsi recueillie dans les maisons d'aliénés. Au fond l'idée grecque de poésie était qu'elle est une folie, mais ils n'auraient pas appelé Homère fou. Elle est une folie, en effet, à laquelle il faut beaucoup de bon sens, de sens humain.

LV

Les critiques sont les blasés de l'esprit. Rien n'est plus faux que l'air de fraîcheur et de jeunesse qu'ils affectent; on dirait que la lecture peut encore leur donner des sensations vraies.

LVI

La qualité de l'aliment a autant d'importance, et davantage, dans la vie de l'esprit que dans celle du corps. Il y a certaines anémies intellectuelles qui sont dues à la pauvreté de l'aliment auquel on s'habitue. Se nourrir à la hâte, ou se nourrir de tout, est de tous les régimes le plus appauvrissant pour l'esprit : il l'épuise d'encombrement et de fatigue. Il n'y a par contre que les très grands penseurs qui puissent être des jeûneurs, à l'égal des moines du désert que Dieu nourrissait à ses heures.

LVII

Ce que les gens d'esprit appellent la bêtise humaine finit toujours par avoir raison d'eux.

LVIII

Les livres des jeunes plaisent comme un beau matin, mais les livres qui façonnent sont l'œuvre de la vie vécue.

LIX

Le métier d'écrivain est digne de toute pitié. Il ne saurait gagner sa vie qu'en écrivant, et écrire pour vivre c'est déformer le talent.

LX

L'électricité mentale est ce qu'il y a de plus difficile à rendre dans la page que vous écrivez; la phrase peut noter l'idée qui vous est venue, sans transmettre l'émotion que vous ressentiez, et, à moins que vous ne rendiez cette émotion, l'idée paraîtra aux autres froide et sans valeur.

LXI

Rien ne prouve que la littérature ne sera pas considérée un jour comme un emploi de l'esprit oisif, ni que les facultés qui l'ont produite ne viennent à s'atrophier au profit d'autres. Il y a dans l'usage de l'imagination une tendance enfantine qu'à l'avenir on sera peut être tenté de cacher ou de contenir. L'art de bien dire sera toujours sûr du succès, mais celui d'imaginer peut cesser de trouver qui s'y plaise et l'homme avoir honte de son génie. Il l'a déjà un peu.

LXII

Le critique a été l'agent de la démocratisation des lettres, lesquelles ne peuvent être qu'une aristocratie.

LXIII

Le marché des livres a tué l'œuvre littéraire. Dès que les lettres sont devenues une source de revenu, le littérateur ne pouvait manquer d'être, lui aussi, un industriel. Écrire, composer pour de la gloire, comme Sophocle ou Cicéron, c'était certes forcer l'inspiration, mais là, le stimulant était naturel, propre au génie, et ajoutait à son essor. L'argent n'a pas les mêmes affinités avec l'inspiration que la gloire ou la liberté.

LXIV

De même pour les arts, et pourtant toute œuvre qui n'est pas faite, et surtout qui désormais ne sera pas faite pour de l'argent, n'atteindra pas ce degré de l'art conscient dont le public moderne a besoin. Elle aurait un caractère de naïveté enfantine, qui ferait sourire l'artiste ou le critique professionnel. Il n'y a que l'art religieux qui puisse rester naïf, car celui-là exprime le sentiment des simples, et ceux-ci ne repoussent pas la naïveté.

LXV

Tâchez de voir dans l'œuvre plutôt la structure que la parure. La parure peut quelquefois en assurer la vie, mais rarement elle en fait la grandeur.

LXVI

Renan ne saurait écrire une page où il n'y eût du miel, son fiel même est doux; par contre, il y a des écrivains qui ne font que du fiel, même avec le parfum des roses.

LXVII

Pourtant rappelez-vous que c'est le fiel du poisson qui a rendu la vue au vieux Tobie. Dans la vie, c'est aussi par le fiel que se font certaines cures; mais il ne doit jamais être notre propre fiel.

LXVIII

Ne prenez pas pour compagnon un écrivain dont le charme vous amollisse, ni un écrivain qui vous agite l'âme, encore moins un qui vous trouble et vous excite les sens; prenez-en un qui vous soutienne intérieurement. Les livres religieux sont trop arides pour vous? Prenez-en d'autres, mais dont le souffle vous calme et vous affermisse. Lisez de tout, comme vous fréquentez toute sorte de monde, mais dans votre vie intime, ne laissez entrer que l'écrivain sûr.

LXIX

Le poète doit aimer mieux le passé; le prêtre, le présent; le savant, l'avenir.

LXX

Vous avez un très grand talent et n'avez jamais pu le montrer? Consolez-vous; vous appartenez à cette réserve de l'humanité que Dieu n'appelle jamais.

LXXI

Que sert-il vraiment d'avoir du talent, si le jugement, en définitive, en reste au public? Il vous convaincra que vous n'en avez aucun.

LXXII

Le monde est aux ambitieux, mais la vraie ambition sera un jour d'être humble.

LXXIII

L'écrivain de profession est comme l'acteur, une continuelle stéréotypie de lui-même. Des deux, l'acteur est le moins à plaindre, car il a à se renouveler moins souvent.

LXXIV

L'art dramatique est en effet de la pure stéréotypie, l'acteur calque une fois pour toutes son rôle et puis ne fait qu'en tirer chaque soir une nouvelle épreuve. Aucun art ne permet à l'artiste d'annoncer qu'il aura du génie, de l'inspiration, tous les jours à l'heure de l'affiche. Il tire machinalement des copies de sa création, comme l'imprimeur les copies d'une gravure.

LXXV

Quand on gagne sa vie à ce métier d'écrivain on doit y mettre le plus grand soin, de peur de ne pas perdre pour toujours le filon de l'inspiration. Il y a une partie dans votre talent que vous devez tenir pour sacrée ; vous n'ignorez pas qu'elle est un outil que Dieu ne vous a donné qu'en vue de ses propres commandes. Ne laissez pas celle-là entrer dans les marchés que vous puissiez conclure sur votre intelligence ; tenez-la rigoureusement à l'écart.

LXXVI

La profession d'écrivain est peut-être celle qui déforme le plus le talent. Son œuvre lui devient haïssable comme la tâche à l'esclave.

LXXVII

La vanité est la substance de certains talents comme elle est la forme d'autres. Certains talents sont vains par nature, ils doivent faire la roue, comme les paons, c'est le propre de leur espèce. L'esprit vraiment supérieur ne saurait avoir cette délectation de lui-même, ce qui ne l'empêche pas d'aimer profondément son œuvre, mais objectivement comme on aime ses enfants.

LXXVIII

La vanité est souvent aussi question d'âge ou de circonstances : lorsque le moment arrive de faire l'œuvre utile et durable de la vie, l'esprit perd forcément la légèreté qui lui permettait de se complaire à lui-même. Le sérieux de l'œuvre a transformé plus d'un caractère que l'oisiveté rendait futile.

LXXIX

Choisissez un public qui vous oblige à vous surpasser; évitez celui qui vous forcerait à vous outrer.

LXXX

N'importe quel auteur, s'il était né une génération après, aurait répudié son œuvre. Il n'y en a pas un qui en vieillissant ne croie avoir progressé sur sa jeunesse.

LXXXI

Le critique qui vous explique l'œuvre par le milieu où elle a été produite est comme un prophète qui ne pourrait annoncer que des événements survenus. Si le climat, la conformation, la société, les goûts d'un pays doivent produire un art, ou une littérature particulière, pourquoi ne peut-on, en aucun cas, rien en savoir d'avance, en fixer aucun trait avant de l'avoir vu?

LXXXII

Quant au milieu physique surtout, il est difficile de s'y fier. Dans la même région on trouve à des époques différentes une atmosphère sybarite et une atmosphère ascétique. Il suffit d'un petit écart de vision intérieure pour détourner de la plus belle nature du monde l'œil de ses habitants, et d'un autre petit écart pour remplir de joie les possesseurs d'un sol stérile ou d'un ciel brumeux.

LXXXIII

Quant à l'entourage moral et au milieu social, de même. Il est naturel que Shakespeare, ou Molière, ait les traits, des traits, de sa race et de son temps. La difficulté ne consiste pas à découvrir dans l'écrivain ce trait collectif, national ou historique, mais à formuler la synthèse de son individualité, de ce qu'il fut lui-même au centre de son époque. Au fond tout peut être de l'hydrogène. On n'a rien avancé quand on a établi les rapports de la littérature et de l'art avec le milieu ; le génie est toujours une formation singulière à part, l'exception et non la règle.

LXXXIV

Le peu d'idées à nous sont celles dont la graine ne nous serait pas tombée d'un autre esprit. Y en a-t-il ?

LXXXV

Il ne faut pas envier le critique qui recherche des sensations fines, c'est-à-dire qui veut tout voir d'un nouveau point de vue à lui ; il se consomme à peine lui-même. Il n'y a pas de vraie poésie qui ne sorte du fonds commun, indivis, de l'humanité.

LXXXVI

Prenez Gœthe, voilà la parfaite santé d'esprit dans

les hautes régions intellectuelles; il pense et sent pourtant comme tout le monde, ce n'est pas un solitaire, un blasé, un difficile, qui cherche des sensations inconnues, qui ne peut jouir des choses que différemment et à part de tous. C'est la grande marée humaine qui arrive en lui à sa plus haute marque, rien de plus. Des impressions les plus communes il distille la plus idéale poésie; il ne fait pas du miel seulement avec l'essence des roses, il l'extrait de n'importe quelles plantes sauvages. Toutes ses émotions presque, le sybarite esthète de nos jours les aurait trouvées banales.

LXXXVII

Prenez de même les peintres de la Renaissance. C'est encore comme Gœthe. Ils sont, avant tout, des hommes vivant la vie commune et la traduisant par leurs créations, chacun avec son empreinte personnelle. Ils faisaient des œuvres uniques, mais employaient leur pensée, leurs affections, leur vie, comme tout le monde, et non pas à chercher la sensation raffinée de chaque instant, épuisant leur sensibilité à cette poursuite.

LXXXVIII

Le fait est que l'art jaillit de la sensibilité, et que si vous réduisez celle-ci à force de raffinements à un filet très mince, filtré encore à travers des couches d'indifférence et de dédain, vous courez le risque de détruire le jet de la source.

LXXXIX

L'outillage n'est rien, le talent est tout. Ne croyez pas que quelqu'un ait jamais manqué d'être un grand peintre par faute d'une boîte à couleurs. Un morceau de charbon lui aurait suffi, comme à Apelle.

XC

Bien des talents auront passé pour insignifiants faute d'avoir le courage de leur originalité. Il faut au génie du caractère et de l'audace.

XCI

Les grandes œuvres, vivantes en toutes leurs parties, ne sont après tout que celles qui auront été faites avec les matériaux de leur époque et de leur milieu. Tout ce que vous ferez avec des matériaux d'une autre époque, par reconstruction ou bien par anticipation, n'est qu'un essai.

XCII

A côté de la littérature maîtresse de notre temps, qui a été, il faut le dire, pour la race latine la littérature de l'adultère, il y a heureusement le travail des penseurs et des chercheurs, qui ont semé tant d'idées nouvelles, les uns, et restauré tant de choses oubliées, les autres. Mais les gens de lettres s'arrogent le droit de mettre tous ceux-là hors de la littérature.

XCIII

Pour l'art moderne, ce qu'il montre a plus d'importance que ce qu'il ne montre pas, la surface que le fond.

XCIV

Souvent l'artiste, pour ce qu'il ne peut pas montrer, trouvera quelque tour gracieux, pareil au mouvement de la Parisienne faisant voir les dentelles de sa jupe.

XCV

Le génie bâtit toujours des cadres où puissent tenir non pas les idées de son temps seulement, mais celles de tous les temps.

XCVI

La façade, c'est tout ce qu'on a besoin de changer aux grandes œuvres pour les rendre contemporaines de n'importe quel âge.

XCVII

Dans toute production vous aurez à choisir entre l'ampleur et le fini, entre la profondeur et l'éclat.

XCVIII

Les esprits qui notent les idées au vol n'ont pas la concentration nécessaire pour bien travailler une seule idée. La pensée leur fuit sous l'outil. Ils lisent après ce qu'ils ont composé sans pouvoir découvrir l'attache entre ses différentes parties.

XCIX

Les hommes célèbres ne sont que les postulants à la gloire.

C

Car la gloire est un procédé de concentration qui ne s'arrête jamais. A mesure que l'humanité vieillit, ses souvenirs s'amassent et il lui faut toujours procéder à de nouvelles épurations. Des siècles entiers sont dépouillés dans ces scrutins sans qu'il en survive quelquefois un seul nom. Les immortels rejoignent à la fin les anonymes dans le même oubli.

CI

Il y a des esprits qui sont comme des espèces aromatiques, dont l'encens est la combustion de leur propre essence. L'esprit français est en général incombustible; son parfum n'est qu'une suprême distillation.

CII

Les esprits vraiment supérieurs sont des lampes toujours allumées au sanctuaire.

CIII

La haute pensée est triste et solitaire; l'agrément de penser n'est que l'art de bien dire.

CIV

Il y a des écrivains qui aiment à suivre leur pensée, comme la fumée de leur cigare, dont la nuée bleuâtre s'enroule et lentement s'efface; d'autres qui aiment à la découper comme des dentelles de papier; d'autres qui se plaisent à la faire résonner en eux-mêmes comme une musique. Ceux-là sont tous des amuseurs, qu'ils s'amusent seulement eux-mêmes ou qu'ils amusent les autres aussi.

CV

La grande pensée est solitaire, aride, comme l'aire des aigles. C'est une douleur que d'enfanter de grandes choses. Elles sont toujours, quand elles doivent rester, le prix de la vie; elles causent de l'angoisse plutôt que du plaisir. Ce n'est qu'en tremblant que l'homme peut se sentir immortel.

CVI

La littérature d'autrefois ne peut pas suppléer à la littérature courante, parce que chaque génération tient à l'expression de sa propre pensée, et jamais deux âges différents, pas même deux générations suivies, n'ont eu intellectuellement les mêmes angles visuels. C'est une question, non pas de mode, comme pour le costume, mais de modification intérieure.

CVII

Les contemporains auront ainsi toujours le champ libre en matière de talent. L'écrivain d'hier, s'il n'est pas oublié, devient bientôt classique, ce qui veut dire qu'il vieillit aussi vite que les jolies femmes de son temps. En littérature, comme en beauté, la jeunesse gardera toujours son privilège. La sensation actuelle, on ne la trouve que dans les œuvres de son époque; celles du passé vous transportent à un état d'esprit différent du vôtre; vous pourrez y trouver de la jouissance, mais, de quelque façon qu'on s'y prenne, c'est de l'isolement.

CVIII

On dit trop de mal, après tout, du génie de notre siècle, en lui opposant toujours les grandes créations, qui sont comme les bornes de la pensée humaine. Peut-être l'avenir jugera qu'un siècle qui a initié tant d'idées n'avait pas besoin, pour dominer de haut les autres, de produire une de ces œuvres isolées, où viennent en quelque sorte se réfugier de l'oubli les idées d'une époque entière. Il aura éparpillé son génie, au lieu de le concentrer dans une seule œuvre.

CIX

Les critiques sont les araignées des lettres; on ne peut qu'admirer la merveille des toiles invisibles qu'ils suspendent d'idée à idée pour immobiliser les petites mouches, et le cordon de soie dont les plus forts de leur espèce étranglent les sauterelles. Ils appartiennent pourtant à l'ordre des carnassiers et leur instinct reste tout de même inférieur à celui de l'abeille, laquelle aime mieux fabriquer son miel.

CX

Le critique à pensées reconnaît au bout d'un certain nombre de livres ou d'essais qu'il a vidé son fonds, et alors il faut qu'il soit bien peu critique pour ne pas changer de point de vue.

CXI

Le changement de point de vue refait aussitôt sa provision d'idées. Si vous êtes, par exemple, un critique matérialiste, et vous sentez épuisé, tournez l'objectif un peu dans le sens de la religion, vous serez étonné de la profusion de vos nouveaux aperçus.

CXII

Les critiques souvent dévalisent ceux qu'ils égorgent. Faites bien attention et vous les verrez quelque temps après portant les vêtements ou les bijoux de la médiocrité qu'ils avaient exécutée en public.

CXIII

Les mots ne nous reviennent à la mémoire que quand nous en avons besoin, c'est entendu ; mais quelques-uns étaient si bien oubliés, ou avaient laissé une si faible trace dans le souvenir, qu'on ne les reconnaît pas aussitôt qu'ils se présentent après une longue absence. On cherche alors le dictionnaire pour s'assurer de leur identité. C'est bien le mot juste. Qui donc garde au fond de nous-même, dans des souterrains inconnus, cette richesse enfouie, dont nous ne nous doutons même pas?

CXIV

Arrivera-t-on jamais à démontrer qu'une œuvre intellectuelle déterminée a été comprise dans les plans de la nature au même titre que la cristallisation d'un diamant?

CXV

Ce que l'on peut affirmer, c'est que le génie se sent irrésistiblement porté à produire son œuvre. Il la produit à tout prix, même la mort, comme s'il s'acquittait d'une dette d'honneur. Serait-ce vraiment là sa dette envers l'univers?

CXVI

Il n'y a presque pas d'écrivain dont on ne puisse restaurer le caractère par la fréquence ou l'accentuation de ses épithètes.

CXVII

Il y a des nuances de sentiment qu'on ne saurait saisir si on ne les avait pas éprouvées. Cette psychologie de l'auteur par ses notations morales est un essai à faire. Quand vous connaissez bien un auteur, vous connaissez l'homme. C'est là une graphologie qui ne trompe pas.

CXVIII

On devine la poésie des âmes par les mots préférés. La répétition, le relief de certains mots dans un style indique la nature et l'état de l'âme, ses affinités latentes, si on se rend compte de la portée, de l'étendue qui a été donnée à ces mots révélateurs. Il faut pourtant tenir compte de la résonance personnelle que les mots ont dans les différents esprits. Un mot peut être banal, incolore, inerte pour l'un, tandis qu'il est pour un autre une sorte de clairon qui réveille toutes les énergies de l'âme.

CXIX

On s'arrête d'admiration devant les roses et on ne donne même pas un regard au rosier.

CXX

Les plus honteux plagiaires sont ceux qui copient en contredisant.

CXXI

Les plus belles idées ne sont pas celles qui ont cristallisé en vers, mais celles que les poètes ont laissé fondre en larmes.

CXXII

La pensée qui traverse notre cerveau est si peu à nous que l'éclair est au nuage qu'il illumine.

CXXIII

La compagnie d'un esprit opaque correspond quelquefois pour l'intelligence au régime de la chambre noire pour les yeux malades.

CXXIV

On se croit né pour tout ce qu'on n'a pas été. Cela montre que l'homme a reçu des germes de tout.

CXXV

Des milliers de choses ont été dites et écrites avec la plus grande netteté et précision qui sont cependant devenues inintelligibles pour nous. C'est que l'esprit s'en est lentement évaporé, que la vibration intime des phrases, même des mots, a changé, et nous ne sentons plus ce que voulaient dire leurs auteurs; nous n'avons pas la même âme qu'eux. D'une génération à une autre il faut tout traduire. Le père et l'enfant ne parlent déjà plus la même langue pour tout ce qui a rapport à l'imagination et au sentiment.

CXXVI

La patrie favorise-t-elle la médiocrité? S'il n'y avait qu'un seul pays, le niveau intellectuel s'établirait-il mieux partout, mais cela aiderait-il au plus grand développement de la pensée? Avec les différences de races et de langues, on ne saurait adopter une seule mesure pour l'intelligence. C'est évidemment un privilège du hasard pour un esprit secondaire que de naître dans un pays où il pourra occuper le premier rang avec un fonds d'idées qui ne le ferait pas classer ailleurs. Vous pouvez démontrer la vacuité de sa pensée, la pauvreté de ses ressources, il lui reste toujours sa supériorité locale et cela suffit pour le sacrer grand écrivain national. La patrie est certes un puissant accumulateur moral, une source d'inspiration, mais elle est dans une certaine mesure une prime à la médiocrité. D'un autre côté la patrie se confond largement avec la langue, et la pluralité de langues et de races a été peut-être la cause la plus puissante du développement de la pensée, elle empêcha l'uniformité et créa partout l'originalité.

CXXVII

En tout cas il est bon que l'humanité ait des races de génie de rechange, et cela ne saurait continuer sans l'existence de patries nationales différentes. Avec l'uniformité de culture viendra l'uniformité de déclin et on ne saurait retarder trop longtemps le spectacle d'un nouveau byzantinisme devenu universel.

CXXVIII

La littérature religieuse se distingue des autres en ce que la qualité maîtresse y est la ferveur.

CXXIX

Parmi les grands esprits il en a qui vous semblent des rochers nus et stériles; d'autres, des champs couverts de moissons; d'autres, des gisements enfouis dans le sol.

CXXX

Pour les écrivains, il y a des mots, des groupes de mots, qui servent à marquer la fécondité ou la stérilité du talent, comme certains arbres indiquent aussitôt la qualité du sol.

CXXXI

Chargez des sculpteurs ou peintres de nationalités différentes de faire votre buste ou votre portrait, et vous y paraîtrez Français, Allemand, Anglais, Italien, Espagnol, Nord-Américain, selon la race de l'artiste.

CXXXII

Même dans la musique on sent l'*air* du pays.

CXXXIII

En littérature ce qui est purement gracieux, peut être une merveille, mais n'est qu'un ornement, comme le papillon dans la nature.

CXXXIV

L'homme n'est pas un créateur dans le sens

propre du mot; ses œuvres les plus belles ne sont belles que par leur parfaite interprétation ou réprésentation de la nature ou de la réalité.

CXXXV

Il y a une ligne dans la culture intellectuelle au delà de laquelle l'esprit devient stérile.

CXXXVI

Il y a aussi une culture très raffinée, mais qui touche par la déplaisance de tout à l'incapacité de sentir. Elle est l'impuissance de l'esprit.

CXXXVII

On sent que les personnages littéraires ne sont tous que des automates, incapables de dire ou de faire autre chose que ce que le romancier ou l'auteur dramatique a mis dans leur bouche ou dans leur rôle. Si la critique était faite par un vrai créateur il montrerait facilement à l'écrivain la différence entre sa création et la vie réelle, qui est la liberté.

CXXXVIII

Les peintures à la plume sont en général incohérentes de traits et fausses de coloris. On ne reconstruirait ni de bons tableaux ni de portraits vivants d'après elles. Les personnages qui ne sont pas des dédoublements de l'auteur sont purement imaginaires.

CXXXIX

Vous croyez que, plaçant dans la Bibliothèque Nationale de Paris, ou au British Museum, un livre où il se trouve une belle page, vous l'aurez sauvée? C'est comme si vous pensiez à garder une essence exquise en la versant dans la mer. Il y aura tant de livres au bout de quelques générations qu'il faudra bien avoir recours au pilon ou au feu.

CXL

Ce ne sont pas les esthètes qui ont fait les jolies choses de ce monde; ils n'ont pas bâti les villages pittoresques sur les montagnes, ni composé les beaux costumes des paysans, les belles chansons, les mots sonores. Ils n'ont rien inventé. Et pourtant ils se croient l'âme du monde; la beauté n'a de sens que par eux, seuls ils en peuvent jouir et en ont la résonance intérieure.

CXLI

En tout c'est le train de la vie qui mène l'homme. Bien peu d'écrivains, comme bien peu de manieurs d'argent ou de manieurs d'hommes, préfèrent le sérieux au succès. Bien peu auraient mieux aimé le sort d'un Spinoza, ou, dans une bien moindre échelle, d'un Amiel, au sort des conducteurs de cotillons littéraires dans la presse, au roman, et au théâtre. Entre écrire quelques phrases qui vivent après vous et remplir le monde du bruit de votre nom, vous donneriez cent fois la gloire posthume pour l'apothéose à bon marché d'une *première*.

CXLII

L'impression générale que produit la littérature moderne est celle d'un immense effort pour suppléer à l'inspiration qui lui manque.

CXLIII

Vous ne convaincrez pas le poète que le bon sens a plus de valeur que l'imagination, et tous deux vous avez raison. La différence en est que le bon sens n'a de valeur que comme qualité collective; si vous êtes le seul à l'avoir, cela ne servira à rien à la société, tandis qu'il lui en sert beaucoup, si vous êtes le seul à avoir du génie. C'est la différence entre la pierre dont on bâtit et les pierres dont on se pare.

CXLIV

Les poètes d'aujourd'hui ont le plus sincère dédain pour Lamartine et ses pareils, poètes de la Restauration ou romantiques de 1830. La différence en est que ceux-ci étaient comme des oiseaux, chantant en liberté; tandis que les nouveaux poètes semblent des oiseaux mécaniques, d'un jeu très compliqué et très savant, de fait impeccable, mais entièrement artificiel.

CXLV

Dans un certain sens toute création est pour le génie sinon un suicide, du moins une transfusion de son propre sang dans d'autres veines, et les veines immatérielles des êtres d'imagination sont celles qui en absorbent davantage. Elles n'en prennent aussi que le meilleur.

CXLVI

Au fond l'art littéraire dont notre génération est si vaine est une condition de médiocrité. L'écrivain qui rejette toute expression qui ne le frappe pas par sa rareté est un esprit secondaire et stérile. Les œuvres les plus admirables ne le sont pas à la cause de la matière dont elles sont façonnées; un peu de terre suffit sous les doigts du génie pour exprimer une pensée immortelle. Exiger de nouveaux métaux, comme de nouvelles rimes, pour exprimer une pensée, c'est déjà un signe du peu de valeur de cette pensée.

CXLVII

Pour la plupart, ces délicats, ces difficiles, ont

seulement le talent que leur façon de travailler leur prête.... A la recherche de la rime, des combinaisons inattendues surgissent ; creusant dans les mots, ils y rencontrent quelquefois un mince filon d'or.... Ils vont du mot à la pensée, non pas de la pensée au mot, comme le vrai créateur.

CXLVIII

L'esprit pour composer a besoin d'intervalles de repos. Certes on peut traiter l'imagination en vache laitière et la traire chaque jour jusqu'à l'épuiser. Mais la mesure où la production naturelle est spontanée est la seule vraie mesure du génie.

CXLIX

Le temps ne respecte que les créateurs dans l'ordre intellectuel, les types dans l'ordre moral, les chaînons dans l'ordre historique.

CL

Pauvres inventeurs ! Ils ne sont que des commençants.

CLI

L'âme de l'écrivain, comme celle de l'artiste, n'est pas à confondre avec son doigté. Un grand esprit pourtant se sentira quelquefois nul devant un écrivain habile, à cause du degré d'expression de ce dernier, de la finesse, de la justesse, de la variété de ses nuances.

CLII

Traduisez Ruskin en français ou Renan en anglais, ils y perdraient l'âme. L'âme de l'écrivain est en grande partie la langue qu'il parle. De race à race deux mots *immatériels* n'ont jamais la même valeur, ni le même poids.

CLIII

Il y a aussi dans l'anglais une musique de mots, peut-être plus éthérée que tout ce que l'on puisse lire dans aucune autre langue ; ainsi les vers de Shelley, qui suggèrent le vol, la rencontre, le frôlement, le bruissement d'esprits. Les mots isolés seront pointus, âpres, criards ; le poète en forme pourtant un accord qui est vraiment plus immatériel que toute autre combinaison de sons en langue humaine.

CLIV

Le talent se voit mieux dans une phrase détachée de Schumann, par exemple, ou dans un vers de Gœthe, que dans une longue pièce de théâtre. C'est que, en général, l'inspiration n'est qu'une idée, une émotion, un état d'âme. C'est nous qui bâtissons autour d'elle un immense échafaudage, la plupart du temps puéril.

CLV

Le sujet, que ce soit de l'histoire ou du roman, n'est que le livret de l'écrivain. Le public met cela de côté, comme il met les paroles d'un opéra, pour chercher la phrase musicale qu'il contient. Chaque auteur n'a souvent qu'une phrase, qui est, comme dans le théâtre de Wagner, son *leitmotiv*. Aussi combien le reste de l'œuvre vieillit vite. Il n'y a que le *leitmotiv* qui survive, en littérature comme en musique.

CLVI

C'est votre impression des choses, le son que la vie a arraché à votre cœur, qui donnera votre vraie mesure et non pas vos recherches ou vos études. Ne laissez donc rien entrer dans votre phrase qui n'ait passé par votre sentiment, qui n'ait quelque chose de vous.

CLVII

Il y a une chance pour certains esprits à rester à l'état de nature. Si vous les défrichiez, les sillonniez, les semiez pour une récolte quelconque, ils pourraient ne rien donner; si vous les laissez en liberté, vous trouverez peut-être au milieu des herbes inutiles dont ils resteront couverts quelques fleurs qui aient leur prix.

CLVIII

Quelquefois une idée jaillit soudain de la pensée, qui était inerte et froide. Pour pénétrer jusqu'à elle et la saisir, vous vous concentrez, vous tâchez de déblayer le terrain autour d'elle. C'est un art bien plus difficile que celui de capter une source. L'idée qui vous est un moment apparue devient de plus en plus indistincte à mesure que vous approfondissez les fouilles. Bientôt il n'en restera plus rien; ce n'aura été de votre part qu'une émotion, un jet chaud de l'âme, aussitôt refroidi. Beaucoup ont en eux de ces filons d'eau souterrains qu'ils ne pourront jamais capter.

CLIX

Les Français se méfient du génie. Ils n'admirent sincèrement que ce qui est réglé, tondu, nivelé; ils ont le culte des moyennes.

CLX

On reconnaît les grands créateurs plutôt aux jointures qu'ils ébauchent qu'aux figures mêmes qu'ils dessinent.

CLXI

L' « âme d'artiste » est faite de dédain pour tout

ce qui n'atteint pas à la perfection. C'est un état intérieur bien triste que cette prétendue supériorité. L'homme réputé vulgaire jouit ainsi de tout avec plus d'intelligence que le blasé littéraire et il a le droit de le réputer un stérile et un inutile. Ce qui existe moins dans une « âme d'artiste », c'est donc de l'âme.

CLXII

Composer de beaux poèmes ou de la belle musique serait-ce une occupation aussi noble que de passer sa journée d'infortune à infortune pour les consoler ? Pourtant le génie sera célébré et la charité restera en oubli. Je doute que rien de réellement grand aux yeux de Dieu ait été glorifié par les hommes.

CLXIII

La sélection intellectuelle réduirait bientôt l'humanité à l'idiotie ; la sélection artistique la réduirait à l'égoïsme ; la sélection religieuse, à la stérilité. La santé, la force et la joie sont entretenues par ceux qui ne veulent pas surpasser tout le monde et eux-mêmes.

CLXIV

Jeunes gens ambitieux de vous frayer un chemin, ne craignez pas la concurrence de vos aînés ; soyez jeunes, et vous percerez aussi naturellement que les bourgeons du printemps percent l'écorce du vieil arbre. La jeunesse seule, si c'est bien votre jeunesse à vous que vous exprimez, vous fera réussir. L'écrivain célèbre est déjà par cela seul le représentant d'un état d'esprit qui a fait son temps. Il ne prend pas la place aux jeunes.

CLXV

Malheureusement ce ne sont pas les générations seules qui vieillissent l'une après l'autre ; c'est aussi la race qui vieillit toute ensemble.

CLXVI

Quand on parle de la jeunesse perpétuelle d'un écrivain, comme Molière, par exemple, on ne veut pas dire qu'il n'ait pas vieilli, mais que le fonds de vérité humaine qu'il a recueilli et exprimé reste toujours le même. Ce n'est pas l'écrivain ou l'œuvre qui a gardé sa fraîcheur; c'est l'humanité qui est toujours jeune et qui se reconnaît sous les traits d'une autre époque et y trouve le même plaisir, et davantage, qu'à son image actuelle.

CLXVII

Une grande œuvre aujourd'hui serait mal venue. La littérature est devenue un salon où quelque bas que l'on parle on a peur de crier. L'écrivain craint d'être excessif; au moindre élan son imagination lui semble échevelée comme une furie, ou lascive comme une bacchante; le goût tue en lui l'individualité.

CLXVIII

Après tout le style est une question de manières : l'écrivain poli fera toutes les concessions possibles à son public.

CLXIX

Il est impossible à l'écrivain d'écrire sans se trahir; car il ne peut rien créer sinon à son image. Cela ne veut pas dire qu'il ait tous les sentiments qu'il prête à ses personnages, mais ses personnages n'auront que des sentiments selon ses mesures.

CLXX

Il y a chez Shelley, outre la musique de mots, dont j'ai parlé, une fantasmagorie psychique, que le profane aime sans comprendre; l'esprit sain, vigoureux, y préférera toujours les sensations franches, qui réjouissent les sens et augmentent la certitude de la vie.

CLXXI

L'humanité n'atteint que par un très petit nombre

à la pensée proprement dite. En sont-ils l'élite? La pensée stérile, quelque belle qu'elle soit, n'assure pas le premier rang; c'est comme si on donnait un meilleur rang à l'orchidée qu'au blé ou au lin. Mais, même pour la pensée utile, qui devient un outil de perfectionnement, ceux qui la produisent seraient-ils la vraie élite du monde?

CLXXII

La grande pensée, le penser est triste, ou du moins tellement grave que la joie qu'il donne est toujours accompagnée d'un frisson. Par contre, savoir bien des choses, faire des remarques imprévues, ciseler de jolies phrases, toute cette mondanité des stylistes à la mode, est un plaisir comme celui de fréquenter la bonne compagnie.

CLXXIII

Tous ceux qui ont à payer d'un talent ou d'un effort quelconque le droit d'appartenir à une société ou à une coterie ne sont que des intrus qui en forcèrent l'entrée.

CLXXIV

Il n'y a rien de plus fatigant que de lire des pensées ; en vérité il est difficile de dire comment elles doivent être servies au public. Il peut se trouver des esprits qui aiment, pour se distraire, à lire une suite de théorèmes, mais ils sont rares. La pensée peut être la notation que vous faites d'un éclair qui vous traversa l'esprit, ou bien d'un état intérieur où vous vous êtes trouvé. C'est une « moralité », dont on aurait supprimé la fable. C'est comme si au théâtre vous voyiez, non pas les acteurs jouer la pièce, mais le régisseur s'avancer sur la scène et lancer au public, pour sa méditation, la thèse que l'auteur aurait voulu traiter. Les pensées doivent être semées, insinuées dans l'œuvre d'imagination, et non détachées et décharnées. Pourtant chaque écrivain vivra seulement par les pensées qu'on pourra détacher de ses ouvrages.

CLXXV

Vous n'auriez personne à dîner si votre menu se composait de substances de laboratoire, déjà prêtes pour l'assimilation.

CLXXVI

Une pensée ne vous saisit vraiment que si elle exprime quelque impression que vous ayez déjà ressentie vous-même.

CLXXVII

Le paradoxe est le mensonge intellectuel ; il ne faut pas y habituer l'esprit.

CLXXVIII

Être César et écrire les *Commentaires*, c'est le fait d'un homme qui comprend la vie ; mais renoncer à gouverner le monde pour être appelé un écrivain ou un penseur, c'est se soucier plus de son propre esprit que des hommes. Pourtant aucune vraie vocation intellectuelle n'aurait jamais condescendu à un échange. Est-ce que Aristote aurait gagné à être Alexandre, ou Socrate à être Périclès?

CLXXIX

Le poète d'imagination, celui qui éprouve le besoin de tout comparer, se privera souvent de la jouissance réelle des choses et quelquefois se l'empêchera pour toujours. Sully-Prudhomme, par exemple, trouve la Grande Ourse

Pareille à sept clous d'or plantés dans un drap noir....

Est-ce que le Chariot produit cette impression en tout autre esprit que celui du poète, sinon au guet de l'image, au moins toujours exposé à la saisir? Par le fait de l'avoir un instant vue ainsi à travers ce prisme il ne verra plus la constellation elle-même, mais ce drap noir de convoi. Prenez, d'un autre côté, *Le Vase brisé*. Quelle source éternelle de joie n'a-t-il pas créée avec cette simple image. C'est que celle-ci est de l'ordre de celles qui entrent naturellement dans le langage humain.

CLXXX

Un monsieur se présente : « C'est un poète » ; un autre : « C'est un peintre » ; un troisième : « C'est un romancier ». C'est là le principal, on voit bien ; l'artiste prime l'homme et le supprime. Sa spécialité lui est imposée ; il devient une sorte de juif errant de son métier ; il faut qu'il marche sans cesse, qu'il produise tous les ans une nouvelle œuvre. On le condamne à la série. Il est attaché à sa gloire, poursuivi par elle, comme Barbier par les *Iambes* de sa jeunesse.

CLXXXI

Pourquoi ne pas laisser au talent la liberté de s'effacer? Quelqu'un a fait une belle œuvre? Que l'on admire l'œuvre, mais sans l'obliger, voulant qu'il se surpasse, à se refaire une et plusieurs fois.

CLXXXII

Peu d'artistes ont mieux aimé leur œuvre que leur renommée.

CLXXXIII

Pourquoi dépenser tant de talent à composer des paysages incohérents ou des personnages sans vie?

Si vous vous sentez peintre, allez dans la nature et apportez-nous une reproduction vraie d'un coin quelconque de la terre, si petit qu'il soit ; si vous avez de la pénétration, donnez-nous un portrait ou le cadre d'une vie vécue, quelque modeste qu'elle fût. Ne mêlez pas des traits différents en décrivant des sujets imaginaires, quand vous avez l'unité devant vous à reproduire. Car seule l'unité, c'est-à-dire l'organique, compte dans la littérature comme dans la nature.

CLXXXIV

Le langage littéraire devient tellement analytique que celui qui ne pourra pas parler par des subtilités insaisissables aura honte bientôt de signer une ligne. Et pourtant il n'y aura jamais de grand écrivain que celui qui exprime ce qui est à la portée de toutes les pensées et de tous les cœurs. La technique littéraire ne sera jamais que l'écriture d'un mandarinat exclusif. Le génie, celui des individus comme celui des foules, est universel, instinctif, spontané, inappris. Le voulu ne détrônera jamais l'inconscient ; le primitif survivra à tous les raffinements.

CLXXXV

Je ne sens bien ma propre idée qu'au moment où elle me traverse l'esprit ; comment pourrais-je donc saisir la pensée d'un autre, celle qu'il traduit par écrit ? On ne sent sa propre idée, jusqu'où elle va et où elle s'arrête, ce qu'elle comprend et ce qu'elle exclut, son rayonnement, en un mot, qu'au moment même où elle vous éclaire. Pour sentir la pensée d'autrui il faudrait que nous eussions le même foyer intellectuel, et chaque esprit a le sien. Nul n'a jamais écouté une phrase musicale avec le tressaillement que le compositeur ressentit lorsqu'elle fit irruption dans son âme. L'émotion que la pensée d'autrui nous cause est déjà une pensée à nous, différente donc d'individu à individu, comme les copies que les peintres font aux musées.

CLXXXVI

Vous écrivez une page, vous croyez y mettre toute votre âme et vous vous étonnez que d'autres la lisent sans émotion. C'est, d'abord, que vous n'avez pas fondu votre âme dans cette page, qu'elle en sera bientôt absente ou y sera tellement effacée que vous-même ne l'y saisiriez plus. C'est, ensuite, qu'il n'y a pas coïncidence entre votre état d'esprit au moment de l'écrire et celui du lecteur. Pour qu'il vous comprît, il faudrait qu'il pût recevoir de la lecture le même choc que vous avez reçu de votre inspiration et cela est impossible. En effet vous débordiez intérieurement, et vous avez épanché le trop-plein dans une page ; le lecteur n'a pas reçu le torrent, comme vous, mais seulement ce trop-plein que vous n'avez pu contenir. Il y a des idées qu'on peut réduire à des formules. Celles-là restent des connaissances humaines, ou des résultats. Les idées qu'on ne peut rendre sont des états d'âme. Jamais personne ne s'est rendu compte de l'état d'âme d'un autre.

CLXXXVII

Les tercets du Dante donnent à son poème l'air d'une eau majestueuse tombant de gradin en gradin. La pente en est quelquefois continue, mais à d'autres il la barre de seuil en seuil et l'on sent de tercet à tercet le bruit de la chute profonde. Qui cependant a jamais saisi l'âme du poète, son interprétation de l'ordre moral divin, son idée, en un mot? Ainsi, par exemple, l'épisode de *Francesca da Rimini*. L'amour est là, condamné, condamnable, *nella miseria*, pourtant les deux âmes sont attachées ensemble par la même blessure. Cette attache des adultères dans un seul groupe, leur souvenir en commun, cela est bien l'amour éternel. Est-ce un châtiment de plus que cet amour qui dure même dans l'Enfer, ou bien est-il la consolation du péché même, que Dieu laisse à ceux qui sont privés du bonheur du Paradis? Seul le Dante pourrait répondre.

CLXXXVIII

L'homme de génie est le dernier à se rendre compte des choses les plus triviales. C'est qu'il voit la trivialité à sa manière, c'est-à-dire, en lui imprimant aussitôt un cachet d'originalité.

CLXXXIX

Au large, le cœur humain fait l'effet de vagues incessantes, les unes après les autres, allant en des directions opposées, dans un flux et reflux permanents; ce n'est que derrière la jetée que l'on se trouve en des eaux calmes. Cette jetée, c'est Dieu. Le cœur où elle n'a jamais été bâtie est vraiment une mer sans abri.

CXC

L'avenir est le côté vivant de l'éternité.

CXCI

Souvent dans la lutte pour la vie on n'arrive pas à voir l'ennemi ; on est renversé à distance.

CXCII

Il n'y a pas deux hommes égaux, il n'y en a non plus de divers. La nature procède par coups d'ébauchoir ; il y a quelques types différents plus rares les uns que les autres, mais au fond nous sommes tous des copies plus ou moins altérées d'un dessin primitif. Les points par lesquels vous vous écartez de votre semblable ne sont que des modalités à côté de la substance qui vous est commune. Ne nous enorgueillissons jamais d'un avantage ; ils sont tous contingents, occasionnels, gratuits ; au fond, aucun n'en est à nous en pleine propriété. La différence est presque entièrement dans les circonstances; échangez-les et vous serez transformé dans l'individu qui vous inspire de la pitié ou de la répulsion et qui vous fait rendre grâces, comme le pharisien, de n'être pas comme lui.

CXCIII

Je voudrais qu'il y eût une école où l'on apprît la sagesse ancienne, où l'on suivît les mêmes cours que la jeunesse d'Athènes ou de Rome. La trempe du caractère a plus d'importance que le vernissage de l'esprit et on ne l'obtient pas sans la culture intellectuelle du sentiment. On ne l'obtient certes pas par le développement des muscles. La littérature a perdu la moitié de sa valeur et de son charme en se séparant de la morale. Que de vraie science humaine de perdue! c'est ce que l'on ne peut s'empêcher de dire, en lisant Sénèque ou Quintilien.

CXCIV

Ce qu'il y a de plus essentiel dans l'enseignement, c'est le caractère du maître. Être élevé par un maître sans moralité, c'est comme grandir sur un sol marécageux. La vie du maître est sa meilleure leçon. Les sages de la Grèce étaient de ces maîtres-là, qui donnent, avant tout et tout le temps, leur vie à étudier et à apprendre aux élèves.

CXCV

S'isoler, de quelque façon que ce soit, c'est vouloir échapper à la loi de la gravitation.

CXCVI

Les climats qui n'ont pas d'hiver n'ont pas, non plus, de printemps. Gardez-vous de traverser la vie sans jamais perdre vos feuilles.

CXCVII

Doutez, mais en aimant toujours.

CXCVIII

La tristesse vient souvent, dans la jeunesse, de ce qu'on a le choix de tout; dans la vieillesse, de ce qu'on n'a le choix de rien.

CXCIX

A chaque tournant de la route on a devant soi de nouveau le problème d'Hercule. Tous les chemins de la vie se bifurquent au bout de quelques pas entre le devoir et le plaisir.

CC

Les transformations sérieuses de la vie sont quelquefois précédées ou accompagnées d'une tristesse que vous ne savez vous expliquer et dont vous avez peur. Laissez-la passer, la joie s'en détachera bientôt, comme le soleil du brouillard.

CCI

La confession est le peu de vérité, parmi les hommes, et il a fallu en faire le secret de Dieu.

CCII

La lutte pour la vie devient chaque jour plus raffinée de procédés et plus grossière d'instincts.

CCIII

La vie n'a qu'une seule moisson : il faut semer dans la jeunesse, récolter dans l'âge mûr, et ne consommer que dans la vieillesse.

CCIV

Que Dieu attache peu de prix à l'argent, la distribution qui en est faite le montre assez. Il n'en attache pas davantage, paraît-il, au talent et à la beauté, ou bien il s'en est désintéressé, comme ils se sont désintéressés de lui.

CCV

« Love bridges everything », « l'amour sert de

pont entre toutes les conditions sociales », je l'ai entendu dire une fois. Il est en effet un pont qui relie les races, les langues, les fortunes, les caractères les plus différents : seulement c'est un pont-levis.

CCVI

L'homme est d'autant plus libre et plus heureux qu'il choisit moins par lui-même. Dans les choses fondamentales, surtout, où le choix a déjà été fait ou sera fait pour nous, comme la famille, le pays, la religion, l'amour, la vocation, le mieux est de se conformer. Rester de son temps, rester de sa foi, rester de sa race, est le meilleur moyen d'entrer dans les vues de Dieu. Vouloir se créer soi-même des racines, c'est risquer de ne jamais en avoir. C'est seulement dans la nacre qu'on rencontre la perle. C'est dans la destinée que Dieu nous a tracée qu'on peut rencontrer le caractère parfait.

CCVII

Recevez les autres du même esprit que vous allez aux autres.

CCVIII

Le respect vaut mieux que la renommée, laquelle n'est, malgré tout son éclat, qu'une pierre artificielle.

CCIX

Indépendance et liberté sont deux termes bien différents : l'homme libre n'est jamais indépendant, la liberté étant la dépendance morale.

CCX

Jésus-Christ a dit : « Que celui de vous qui est sans péché lui jette le premier la pierre », et il ne l'a pas jetée.

CCXI

Respectez tout ce que vous ne comprenez pas.

CCXII

Le vrai repentir est vraiment un renouvellement moral. L'amour passionné de Marion Delorme peut refaire la virginité des sens, mais seul le repentir de la Madeleine refait celle de l'âme. Le vrai repentir pourtant, celui auquel ne se mêle plus aucun regret ni de l'ancien péché, ni de la liberté de pécher, est infiniment plus rare que la parfaite innocence. Il ne renouvelle pas l'âme seulement, il la transforme.

CCXIII

Il est impossible d'enfermer la curiosité d'une vie qui commence dans l'expérience d'une vie déjà vécue. Les parents voudraient que leur fils prît la vie avec le fonds d'expérience qu'ils ont emmagasiné. C'est vouloir que le fruit mûrisse sans jamais avoir verdi.

CCXIV

La vue de l'enfant si innocent, si étranger au mal que nulle tache ne l'effleurerait, pas même s'il tuait, suffit à montrer que, sans savoir le bien et le mal, les hommes ne seraient que de grands enfants. L'idée de responsabilité et l'idée de sérieux ont été frappées ensemble comme les deux faces de la même médaille, la liberté.

CCXV

Il se peut que Dieu, en quelque monde, garde les hommes, ou ce qui y correspond, toujours enfants, et ne pouvant dépasser l'enfance. Ce fut son intention à l'égard d'Adam.

CCXVI

Souvent nous nous rappelons les impressions d'autrefois et il nous semble que la sensation que nous avons éprouvée alors n'aurait pu égaler la douceur du souvenir qui nous en revient. Quelque excitation extérieure nous aurait empêchés de vider la coupe que la nature nous offrait toute pleine et elle nous la présente de nouveau dans toute sa fraîcheur, soigneusement préservée à l'ombre des années écoulées. La jeunesse a de ces caves ignorées d'elle-même où elle garde intact pour le déclin de la vie le meilleur de son cru.

CCXVII

Comme les différents âges se comprennent peu entre eux! Les jeunes traitent les vieux comme s'ils s'attardaient en ce monde; les vieux croient que les jeunes y vont mettre le feu. A mesure qu'on vieillit, on perd contact avec les nouvelles générations. La société est divisée en deux parties : les jeunes et les vieux. Les vieux ne comprennent pas les passions qu'ils n'ont plus; les jeunes ne donnent pas de valeur à l'expérience qu'ils n'ont pas encore.

CCXVIII

Ce sont deux climats bien différents que celui du passé et celui de l'avenir. Heureux l'esprit qui peut se porter de l'un à l'autre, en lui-même, comme le propriétaire romain, dont la villa était divisée en maison d'été et en maison d'hiver.

CCXIX

La musique a des attaches bien plus profondes avec le cœur que tous les autres arts. Vos amours, vos plaisirs, vos sensations de jeunesse vous sont bien mieux rendus par la mélodie qui y reste associée que par toute autre évocation. Le passé vit dans une phrase musicale avec plus de réalité, de relief, d'actualité, que dans n'importe quel autre souvenir. Le paysage, l'endroit, les personnages mêmes auront cessé de vous parler, quand soudain l'air que vous entendiez jadis fera s'envoler de votre cœur tout un essaim de rêves oubliés.

CCXX

Il y a au déclin une fraîcheur pour certaines parties du cœur, comme dans l'enfance pour d'autres. Comme le parfum ne vient à quelques fleurs qu'à la tombée du soir, la poésie ne s'exhale de certaines âmes qu'après les premières ombres de la vie. Ce n'est pourtant pas au cœur de la femme qu'éclosent ces fleurs de nuit : il a, lui, besoin du soleil.

CCXXI

Rentrez en vous-même quand la vie baisse. Le cœur était jadis la ruche aux rayons pleins et parfumés. Il n'y en a plus là maintenant que les trous vides et desséchés.

CCXXII

Quand l'âge fait la solitude autour de vous, le cœur devient comme une chapelle ardente.

CCXXIII

Il y a dans un certain genre de composition, et le plus élevé de tous, des œuvres d'une telle perfection qu'elles dénoncent le déclin de la vie. La maturité manque d'ombres et il y a des choses que l'esprit en pleine lumière ne saurait saisir. Toute une grande partie de la littérature est crépusculaire.

CCXXIV

Quand le cœur est plein, le plaisir et le chagrin le font à l'égal déborder.

CCXXV

Le soir est plus doux au cœur que le matin à cause de la nuit étoilée qui approche.

CCXXVI

La colonne de pression morale que nous avons sur nous augmente dans la vie, comme la colonne d'air, à mesure qu'on descend.

CCXXVII

C'est quand la passion débordante se calme et la curiosité inassouvie s'éteint que l'on peut jouir de la beauté des choses. A la lumière ardente de midi on ne saurait voir le feuillage des arbres se découper sur l'air, il y a encore trop de clarté pour nos faibles yeux. S'oublier soi-même dans la nature, est le seul moyen de la bien absorber en soi. Il faudrait, pour s'y immobiliser et s'y dissoudre, pouvoir arrêter à ces moments-là la pensée qui travaille toujours, incapable de passivité et de silence. La vraie délectation des choses dans une autre vie viendra de l'effacement de la personnalité. Pour toute jouissance intellectuelle la conscience personnelle du miroir est un obstacle, presque un empêchement.

CCXXVIII

Autrefois on disait, en se retirant du monde, qu'il fallait mettre un intervalle entre la vie et la mort. J'aime ce rêve d'une Thulé où l'esprit puisse entrevoir tranquillement dans un long soir la lueur de l'hémisphère immortel.

CCXXIX

L'idée de voyager en Orient séduit davantage à mesure que l'on vieillit. Vous avez là la couleur pour ranimer la vie, la grandeur des souvenirs pour vous concentrer l'esprit. Cela fait pour la vieillesse comme une avenue d'immortalité.

CCXXX

L'âge mûr peut se contenter des lignes, le déclin

a besoin de la couleur. C'est que le coloris soutient, tandis que la ligne appelle la réflexion, et la pensée fatigue. En effet, la ligne est une idée, la couleur est autre chose; elle est un milieu. Il se peut que la physionomie des astres ne diffère que par la couleur; que la couleur seule crée l'individualité, le tempérament de chaque planète habitable.

CCXXXI

L'expression de repos et de sérénité que prend le visage des morts, même après de cruelles agonies, est un signe que la mort elle-même n'a point de terreur.

CCXXXII

On doit se résigner à toute maladie qui nous laisse des intervalles pour bénir Dieu.

CCXXXIII

Sentir venir la mort et aller au-devant d'elle en augmentant intensément l'utilité de sa vie, voilà la belle fin.

CCXXXIV

La mort n'est qu'une crevasse, qu'il faut franchir avec le courage dont le chamois franchit la fente des grands rochers à pic. Ce n'est qu'un saut par-dessus la tombe, et il faut le faire l'alléluia aux lèvres. Même si nous devions mourir tout entiers, ce cri de reconnaissance, dans l'agonie humaine, retentirait à jamais dans l'infini et nous ferait regretter de Dieu.

CCXXXV

Je comprends qu'à un certain âge on désire ardemment la mort pour apprendre au vrai ce qu'a été la vie. Il n'y a que cela au fond qui vaille la peine d'être vérifié.

CCXXXVI

C'est au guichet de la mort que sont portées journellement les traites sans nombre de la foi, et ce n'est qu'en s'y présentant en personne qu'on saura s'il s'y trouve quelqu'un pour les accepter. Si on s'endort pour toujours au moment où l'on s'apprêtait à présenter la sienne, au moins on ne s'apercevra pas de la faillite de son illusion.

CCXXXVII

Pour peu qu'on ait du cœur on ne peut n'aimer que la vie ; on doit un peu aussi aimer la mort : tant d'amis nous y ont précédés, tant de visions disparues nous y attendent.

CCXXXVIII

Si vous avez quelque chose à faire, habituez-vous

à demander à quelle heure de la vie vous êtes, et craignez toujours que l'horloge ne retarde.

CCXXXIX

La pensée est le calme profond des lointains infinis où l'homme n'a plus que la compagnie de Dieu. Penser, c'est prier.

CCXL

Pourquoi ne sent-on pas pendant l'ardeur des passions le calme de la nature? C'est que la feuille, l'oiseau, la mer tranquille, l'horizon profond, qui vous arrêtent maintenant et vous donnent la sensation du bonheur idéal, n'étaient alors que des aliments pour la fièvre qui vous brûlait, le désir, toujours présent dans le sang, prêtant à la nature, qui aujourd'hui vous parle de Dieu, le charme sensuel des jardins enchantés des *Mille et Une Nuits*. La nature n'est légère et innocente que lorsque Dieu seul s'y reflète.

LIVRE III

I

Le patriotisme consiste souvent à nous placer dans la situation d'un étranger, et à juger notre pays comme si nous n'avions rien de commun avec lui.

II

Au théâtre du monde les spectateurs sont les nations sans histoire.

III

Aucune sorte de gouvernement ne pourrait empêcher que les nations n'aient des maladies sérieuses, pour ainsi dire, périodiques. Mais dès qu'une de ces maladies survient, on en assignera aussitôt comme la cause le gouvernement même.

IV

La faveur des masses va du parti A au parti B et retourne une autre fois du parti B vers le parti A, recommençant de nouveau le lendemain la même oscillation. Ce sont les fluctuations des espérances toujours déçues, donnant lieu de loin en loin aux révolutions, lesquelles sont la concentration du désespoir. Ce qu'on appelle le mouvement de l'opinion n'est en effet que le flux et le reflux de l'aisance et de la misère publiques. La seule opinion publique vraie est celle-là; l'autre, celle que l'on arrive à capter par les scrutins et les plébiscites, n'est que l'effet artificiel du vieil art politique.

V

L'homme de bien regrettera souvent de n'avoir pas réussi en politique à cause de sa droiture, ou en affaires à cause de sa délicatesse. Il n'aurait pas voulu procéder autrement, mais il en garde un regret involontaire.

VI

Les hommes de génie en politique sont ceux qui peuvent distinguer non seulement l'ombre que les événements projettent avant d'arriver, *coming events cast their shadows before*, mais aussi celle qu'ils laissent derrière eux, longtemps après être passés.

VII

La responsabilité en des crises graves et sérieuses peut souvent être éludée par quelque expédient qui en ajourne la solution; mais à la suite, lorsque la crise se renouvelle avec plus d'intensité, sans que dès lors il soit humainement possible d'y faire face, la responsabilité n'en devait pas échoir à l'homme d'état subjugué par le courant des événements ; elle devait revenir tout entière à celui qui, au moment où le remède était encore possible, s'est contenté de sauver son nom par un moyen dilatoire, laissant à ses successeurs la banqueroute certaine.

VIII

Cicéron tenait au triomphe, César se contentait de vaincre.

IX

Les partis ne sont en général que des partis-pris, quelquefois inconscients.

X

L'opposition sera toujours populaire; elle est le plat servi au dehors à la foule qui n'est pas admise au festin.

XI

En politique, l'on ne doit jamais penser à faire mat avec un pion coiffé. Il faut éviter tous les tours de force inutiles.

XII

Le vieil arbre, à la profonde écorce rugueuse, aux racines qui semblent des contreforts, est le plus noble des spectacles sur la terre. Prêtez l'esprit révolutionnaire au feuillage, et l'arbre ne pourrait plus avoir de racines, les feuilles tomberaient mortes autour du tronc pourri.

XIII

Il n'y a rien de plus difficile dans la vie publique que de se montrer désintéressé sans paraître égoïste, si ce n'est de se montrer patriote sans paraître intéressé.

XIV

En politique, la vapeur qui permet d'aller contre le vent et le courant est encore à découvrir. On n'y peut naviguer qu'à la voile.

XV

Conduire les hommes sans se rendre compte qu'ils ont des mouvements différents, c'est comme jouer aux échecs en poussant toutes les pièces de la même manière.

XVI

Rien n'est plus difficile que d'être un adversaire

de bonne foi. La bonne foi paraît déjà une infidélité à la cause que l'on sert.

XVII

Sur chaque nouvelle vérité il se fonde une liberté nouvelle.

XVIII

L'humanité ne change que de points de vue.

XIX

Le point de vue a autant d'importance pour les idées que pour le paysage. Ne discutez avec personne, contentez-vous de lui dire : « Nous sommes placés à des points de vue différents; si nous les échangions, chacun de nous verrait comme l'autre voit à présent. »

XX

C'est probablement dans ce siècle de télégraphes, de téléphones, de phonographes, de lampes incandescentes, que commença l'électrisation de l'homme. Et dire qu'à l'avenir les psychologues, les moralistes, les médecins, les amoureux, seront des électriciens!

XXI

Il faut espérer que la possession des forces universelles ne s'arrêtera pas là, que l'âge de l'électricité n'est qu'une étape vers d'autres âges, vers l'âge de la lumière ; que tout sera un jour lumière, jusqu'à ce que tout soit idée.

XXII

Il y a des moments où l'on voudrait pouvoir à peine regarder les choses. Regarder, c'est-à-dire les voir sans penser; recevoir leur image, comme si l'on n'était qu'un miroir. Penser, c'est une volubilité intérieure qui ne s'arrête jamais, un éternel jeu d'ombres projetées sur le dehors, et qui fausse la lumière naturelle de tout. Le regard rêve tout le temps au lieu de se saisir de l'image; derrière les choses, il y a toujours pour lui des fantômes qui passent; la moindre vue laisse en l'esprit une association interminable d'idées, comme le moindre flot laisse sur la plage en se retirant des bulles innombrables d'écume.

XXIII

Il n'y a plus à compter les chefs-d'œuvre de la nature qui ont été détruits pour faire place à l'humanité, toujours grandissante, mais dans laquelle le nombre de vraies unités semble diminuer à mesure qu'elle se multiplie. Il viendra un temps où l'on regrettera les ravages de la civilisation aussi amèrement que nous regrettons l'incendie de la bibliothèque d'Alexandrie ou du cirque de Constantinople.

XXIV

Il n'y a pourtant pas dans la destruction des forêts qu'une impulsion utilitaire de richesse seulement; il y a aussi la disposition innée à mettre l'œuvre humaine à la place et au-dessus de la nature. On ne ravage pas ces étonnantes plantations de Dieu seulement pour semer sur la cendre une culture de rendement, comme le blé, la canne à sucre ou le maïs. Le tison et la hache sont des outils de la pauvre esthétique humaine autant que le pinceau du peintre ou la plume du poète. En effet, le paysage transformé vous paraîtra un jour plus beau que la forêt vierge : l'âme, l'effort, l'angoisse, l'intérêt humain, vous saisissant toujours plus que l'œuvre de Dieu seul.... Une petite chapelle, la ruine de quelque vieux château, dessinant sa silhouette sur une colline lointaine, vous retient l'esprit plus que la masse de feuillage qui attend le feu et le fer. C'est que l'homme veut rencontrer sur toute la planète sa marque à lui, son chiffre de plaisir et, puis, de douleur.

XXV

Il y aura dans l'avenir une certaine réaction contre la gloire. L'injustice en ressortira toujours davantage. L'homme glorieux absorbe sans le vouloir le travail de ses associés et celui de son époque. Il reste le seul point lumineux d'une vaste surface éteinte. On peut penser que ce n'est pas sa faute, qu'il ne dépendait pas de lui de partager sa renommée. Les gens pressés ou plutôt affairés se contentent d'un nom pour étiqueter en leur mémoire une science, une guerre, une école d'art, une révolution, un siècle. La réaction contre une telle célébrité ne pourrait être que l'oubli général ; mais on fera beaucoup baisser le crédit excessif de la gloire, quand on la prendra à peine pour une limitation ou un défaut de la mémoire collective. D'un autre côté, entre la gloire et la vertu, il y a aussi une jalousie marquée, presque une antipathie. La plupart des hommes glorieux ne seraient pas entrés dans l'histoire s'ils s'étaient laissé lier par des scrupules ou s'étaient proposé le but le plus haut, mais en cela la moralité suprême est celle de l'œuvre générale à accomplir, c'est-à-dire de la destinée humaine. Les saints eux-mêmes se sont montrés plus que tous les autres hommes de cette école, là où la religion était en cause.

XXVI

Des grandes découvertes de la physique peut sortir toute une littérature, une philosophie, un nouvel état d'âme, une autre âme même. L'influence de la cosmogonie sur l'esprit humain, lettres, arts, religion, a été la plus grande de toutes. L'intelligence est cosmique comme la lumière, et elle s'élargit à mesure que l'univers s'élargit pour elle.

XXVII

On peut dire de n'importe quelle sentence morale qu'elle contient en germe toute la sagesse humaine. Dans chacun de ses rayons la lumière est tout entière. Tout le droit romain, par exemple, a été résumé en trois sentences et encore elles s'impliquent réciproquement, ce qui veut dire que tout le droit tient dans une seule sentence, comme la religion et la morale.

XXVIII

La cause qu'on aime le plus n'est pas souvent celle qu'on sert avec plus de talent.

XXIX

Si la mesure de l'amour était la générosité, il serait trouvé bien petit.

XXX

Le cœur après une certaine époque de la vie devient comme un palimpseste : on ne peut rien y écrire sans d'abord effacer l'écriture d'un autre âge.

XXXI

Comme à la religion il faut le baptême d'eau et à la guerre le baptême de feu, il faut à la politique le baptême de haine. Celui qui ne l'a pas reçu ne saurait aspirer au triomphe. Les insulteurs, sans qu'ils s'en doutent, poussent à la **montée le** char que les enthousiastes seuls seraient impuissants à tirer.

XXXII

On doit tenir le cœur à part de l'esprit de parti, de manière que l'amitié ne varie pas avec la politique. On ne doit pas même confondre la politique et la religion. Le contraire est déjà de l'intolérance.

XXXIII

L'homme politique cependant excusera l'abjuration, l'apostasie religieuse; ce qu'il ne pardonne pas, et ce à quoi il donne exclusivement aujourd'hui le nom d'*apostasie*, c'est le changement de parti. A mesure que l'esprit d'intolérance se retire des religions il se réfugie dans les partis. Il n'y a plus maintenant que des autodafés laïques.

XXXIV

Ceux qui veulent voir très loin en avant de leur temps, Dante les fait dans l'autre vie regarder en arrière et marcher à reculons.

XXXV

Trouvez au fond de la plus riche nature vierge du monde le plus beau des spectacles, vous en aurez une sensation de vide. Là où l'humanité n'a pas laissé son empreinte, on peut dire que vous ne vous sentez pas en communauté avec la création. C'est que vous êtes trop petit pour en prendre possession tout seul et que la solitude vous étouffe. Sur mer il vous faudra une voile lointaine pour animer les vagues, c'est-à-dire pour vous y faire retrouver la grande âme humaine qui fait palpiter la terre.

XXXVI

La race juive reste debout comme un arbre éternel, mais elle n'est pas jeune. On sent qu'elle a beaucoup vécu. Même dans les forêts la race peut vieillir : les Indiens sont tous des races vieillies. La jeunesse n'a été gardée telle qu'au temps de Salomon que par les Noirs d'Afrique. L'esclavage l'aura peut-être entretenue en eux; la liberté, la civilisation, la leur feront perdre bien vite.

XXXVII

La jeunesse au fond n'est que la surprise de la vie ; quand on ne la ressent plus, on n'est plus jeune, et on est jeune tant qu'on la ressent.

XXXVIII

Tout est silencieux dans une maison anglaise. Le but de l'existence y semble être le repos. Chaque génération diminue la friction des choses et baisse le ton de la voix. On sent par là que la race est un peu usée dans ses nerfs, au contraire de la vieille race italienne qui garde encore tout son amour du bruit.

XXXIX

Ce ne sont pas les fleurs, ni les fruits, qui ont été faits pour durer, mais l'arbre.

XL

Je viens de voir, émergeant de la forêt, un superbe palmier, toutes ses feuilles portées en haut, formant un grand vase à bords relevés avec un large collier vert luisant autour du cou. Le naturaliste aurait vu le végétal, moi j'ai vu le vase.

XLI

L'impression qui se transforme en idée perd déjà la moitié de sa force. L'admiration qui vous laisse penser à autre chose n'est plus déjà intacte. Une chose que vous admirez fait naître en vous une quantité d'idées associées, votre enthousiasme en diminue d'autant; on dirait qu'il est transporté ailleurs, que sa chaleur se perd par ce rayonnement lointain et ces vibrations rapides. Quand l'impression est profonde, elle reste sur l'objet même, elle ne lui compare rien d'autre, elle vous absorbe en lui.

XLII

Admirer un palmier comme vase, admirer le vase comme palmier, c'est n'admirer en eux-mêmes ni le palmier ni le vase. Quelque chose ou personne qui vous rappelle une autre n'est déjà qu'une moitié d'elle-même, n'est déjà plus elle-même.

XLIII

Souvenir de Petropolis. — Le brouillard gris de perle qui enveloppe souvent ces montagnes s'est dispersé; le ciel d'un bleu très pâle est léger comme à distance un rouleau japonais, des urubús passent très haut, d'un vol lent, comme surchargés du poids de leurs ailes aux pointes métalliques, et j'aperçois tout cela à travers la grande arcade rose des hautes bombacées en fleurs. Que d'harmonie voulue dans ce décor! Voulue par qui? je me demande. Certes, ce n'est pas par ces fonds de montagne et de ciel, ils ne sont pas groupés eux-mêmes, ni par ces magnoliers autour de moi, comme d'immenses chandeliers à sept branches. Est-ce par un peintre, qui aurait délayé dans l'éther transparent ces couleurs immatérielles? Ou bien est-ce seulement par ma joie de spectateur ravi? Qu'importe que l'harmonie soit en moi ou dans la Nature? Ma joie, je la prends pour un reflet, l'éternel renouvellement, de la joie de Dieu quand il vit que la création était bien.

XLIV

Au jardin. Le savant fait l'analyse du parfum de ces roses; je me contente de les respirer. Il retrace en arrière l'instinct de cette araignée, il me suffit de la voir filer en plein air des toiles aussi fines que le jour. Il me dit que cette terre est remuée en dessous par des vers à côté desquels les déblayeurs du canal de Suez étaient de pauvres piocheurs; je me contente de laisser mes yeux s'arrêter sur la pelouse dorée et veloutée par les mousses. Il prétend que ma joie elle-même n'est que du soleil emmagasiné; je bénis Dieu de n'en rien savoir.

XLV

Au commencement, me dit-il, il n'y avait que de l'hydrogène et tout était hydrogène. *Omnia per ipsum facta sunt et sine ipso factum est nihil quod factum est.*

XLVI

Tenez-vous au nom botanique de la fleur pour en aspirer l'essence? L'aspirez-vous mieux, si vous pouvez donner à chacune son nom latin, ou au contraire ce brin de science, mêlé involontairement à leur parfum, l'altère-t-il pour vous?

XLVII

Souvenir du cimetière de Petropolis. — Mars 1894. — C'est un coin caché dans les montagnes. Il n'y a autour de vous que des collines couvertes de végétation... pas d'âme vivante que vous entendiez, excepté les cigales qui n'arrêtent jamais leur cri pénétrant. Vous êtes dans le cimetière des protestants.... Ils se sont réfugiés là. Nul enclos; des touffes de bambous, des superbes *araucarias*, des rideaux de lianes; les tombes sont entourées de fleurs et d'arbustes verdoyants; elles fleurissent sous vos pas, les croix sont émaillées de mousses, les grilles enlacées de roses grimpantes : tout est étouffé dans la verdure. Il n'y a pas de sentiers; vous marchez sur des tombes tapissées d'herbes; à chaque pas un arbre vous fait tourner. C'est un petit labyrinthe, où la mort vous fourvoie, vous sourit, vous caresse.... Quel endroit pour le repos intellectuel! Toute la journée, personne. La vallée est à vous seul, jusqu'aux hauts bords de sa coupe toute en verdure, échelonnée de tombeaux isolés, comme des poteaux d'éternité, chacun entouré de son petit bois sacré. Quelle idée douce de la mort on a ici! On l'aspire comme un souffle printanier; elle embaume idéalement la nature.... On sent que les morts se trouvent bien dans cette solitude, qu'on les ait laissés aux fleurs, aux larges feuilles, aux grands ombrages…. Ils savent que la mort n'est elle-même que l'effeuillaison de l'âme en vue de l'éternel printemps.

Être enterré ainsi à l'ombre des cyprès et des *embaubas*, avoir les fleurs sauvages, comme ces floraisons violettes du Carême, qu'on appelle les fleurs de la Passion, pour vous marquer les saisons, comme cela diffère d'un enterrement de ville! Y a-t-il aucun doute que les morts aiment mieux la campagne, la solitude, la nature? Autrefois, on les voulait le long des routes, on dressait leurs tombeaux comme des monuments de la cité, bâtissant autour des terrasses et des portiques pour que le passant s'y arrêtât et en jouît d'une belle vue. Aujourd'hui, on les entasse dans les grandes nécropoles où l'on ne va jamais que pour les enterrements. On a repris l'horreur à la mort. Ici, elle est ce qu'elle devrait être restée partout; elle garde sa pudeur et en même temps sa fraîcheur virginale; elle est ce qu'elle doit être, une éternelle résurrection. Et dire que dans quelques années ces collines seront ravagées par le feu, et au lieu de ces bois profonds il y aura partout des maisons et des boutiques. Il faudra aller mourir plus loin, on ne sait où, pour ceux qui voudraient que leur corps se dissolve dans la nature, comme leur âme se dissoudra dans l'infini, sans craindre la profanation de l'indifférence. Car dans les villes on est arrivé à dégrader la mort, à la rendre encombrante et vulgaire. On en a déchiré le mystère, effacé la sainteté, enlevé le grand caractère.

XLVIII

Nuit de Noël. — Dominant la haie, en bas, un arbre aux longues branches écartées et au feuillage percé à jour, comme une grande dentelle d'ombre, semble tenir suspendues, comme un grand arbre de Noël, les étoiles humides et scintillantes.

XLIX

Une pluie fine, légère, qui intercepte le soleil, mais laisse au jour toute sa clarté, produit une sensation de calme, un délassement intérieur; on sent que les feuilles boivent cette eau avec plaisir, que la nature se rafraîchit et que la vie en va renaître plus gaie, les couleurs plus tendres; que la création mettra une robe neuve. L'air est rayonnant. Au lieu de cela la pluie d'hiver à Londres, pluie noire, triste, salissante; la nature n'a que faire de cette eau, sinon de la boue, et ainsi elle la reçoit comme une immense citerne d'ennui. (*Petropolis.*)

L

Petropolis. — 15 mars. — La route blanchie à chaux par le clair de lune; les maisons éclairées de dedans; les ombres des grands arbres sur le sable des allées, et la rivière dormante au milieu, cela s'imprime en une seule toile, comme un fond lointain de théâtre. La lune est le plus habile et le plus rapide des scénographes. D'une seule touche elle change le décor entier.

LI

Je viens d'admirer un de nos arbres. Quel splendide port et quel immense ramure! Comme il monte haut, droit, altier et, par-dessus les autres arbres serrés sous lui, lance ses grandes branches suspendues, aux feuilles fines, légères, coupées comme des franges à glands roses. Quand je retourne à notre jardin, les grands palmiers, au chapiteau luisant, doré, au collier vert, me semblent artificiels. Aussi longtemps qu'on a dans les yeux le vaste branchage aérien des grandes bombacées on ne peut pas revenir à la beauté des palmiers, qui ne donnent pas d'ombres et ne se couvrent pas de fleurs. (*Petropolis.*)

LII

Je n'ai étudié aucune science, je ne possède aucune langue, ni les procédés d'aucun art; je ne suis donc pas un écrivain. Je ne me range pour la pensée ni parmi les vertébrés, ni parmi les articulés, mais parmi les simples spongiaires du grand océan humain. Comme l'éponge, je ne fais que m'imbiber de son flot, n'en sentant pas l'amertume, mais seulement la fraîcheur.

LIII

Ma psychologie est tout entière dans ce mot de la Genèse : « Dieu créa l'homme à son image », et mon esthétique, dans cet autre mot : « Dieu vit que cela était bon. »

LIV

Certes Dieu ne créa pas l'homme à son image physique, puisqu'il ne saurait avoir un corps périssable comme le nôtre. C'est dans une autre direction qu'il faut rechercher la ressemblance ; il nous créa esprit comme lui. Nous sommes lumière comme la Lumière ; des reflets fuyants et brisés, toujours incohérents, pourtant des reflets du foyer d'origine. Ce n'est pas seulement l'esprit d'un Newton, réfléchissant comme un miroir l'ordre et l'équilibre de l'Univers, qui est fait à l'image de son créateur ; c'est chaque cœur qui sent l'attraction de l'idéal, même en l'ignorant, comme la terre ignore celle du soleil.

LV

Quant à l'esthétique, pouvoir deviner la joie que Dieu a eue à faire les choses serait le seul moyen d'en étalonner la beauté. Nous aimons, nous admirons, nous pensons, jusqu'à un certain degré, tout infinitésimal qu'il est, comme Dieu, puisque l'homme a été créé à son image. Quelle est, dans l'esthétique, la parcelle d'absolu qu'elle doit ainsi forcément contenir ou réfléchir, comme la morale en doit contenir ou réfléchir une autre? Cette parcelle-là ne peut être que l'appréciation de l'œuvre de Dieu; que la recherche de son trait dans la nature, dans les choses.

LVI

Voici donc ma pauvre esthétique. La beauté n'est que le reflet de Dieu sur les choses. Comme la couleur, elle n'est pas dans l'objet lui-même, mais dans le rayon qu'il absorbe. Le sentiment de la beauté en nous n'est que la trace ineffaçable de la joie de Dieu à voir les choses qu'il avait créées. Comme il créa l'homme à son image, le sentiment que cette image a dû exprimer au moment de sa création ne peut avoir été autre que cette joie-là.

LVII

Peut-on cependant discerner dans la série successive des dessins de la nature une gradation esthétique, et à quels titres la reconnaîtrait-on? Le palmier serait-il plus beau que la fougère, le paon que le poisson, l'oiseau-mouche que le petit lézard vert?

LVIII

Le sens esthétique du Créateur nous est révélé dans la formule de la Genèse : « Et Dieu vit toutes les choses qu'il avait faites et elles étaient très bonnes. » Toutes très bonnes à l'égal les unes des autres, la terre comme les mers, les reptiles comme les oiseaux ; la Genèse ne dit même pas que le plaisir fût plus grand pour le Créateur de créer l'homme, mais celui-là on doit l'induire, car il fit l'homme seul à son image.

LIX

Tout ouvrage humain, interprétant les œuvres de la création, doit plaire au Créateur à l'égal de celles-ci, et, on pourrait l'imaginer, même davantage.

LX

Ces arts-là, on peut le dire, parlent la langue de l'infini ; ils sont lumière comme la Lumière.

LXI

En grande partie pourtant notre esthétique correspond à l'organisation sociale de notre espèce. Dans toute cette portion-là elle ne saurait être commune à l'intelligence infinie.

LXII

L'architecture et la musique n'ont pas elles de modèle dans la nature. On ne s'imagine pas des êtres supérieurs à l'homme admirant les constructions de la terre, ni saisis par les effets de nos grands musiciens. Ces deux arts-là n'expriment que des idées, des états d'esprit de l'humanité; ils n'ont pas de rapport direct avec l'œuvre esthétique de Dieu; ils ne sortent pas de l'atelier de la création comme la peinture et la sculpture. La parcelle de beauté absolue que recèle l'esthétique ne peut se trouver que dans les arts qui copient ou qui interprètent des créations divines authentiques. Les autres arts appartiennent à la sphère exclusive de l'esprit humain, de l'imagination et de la sensibilité humaine, ils n'ont pas des archétypes divins autour d'eux.

LXIII

On peut dire que dans les arts de simple copie ou interprétation des formes de la nature, comme la sculpture et la peinture, il n'entre pas de souffle créateur indépendant, comme dans l'architecture, dans la musique, dans la poésie. C'est peut-être vrai, mais la mesure humaine de beauté absolue est seulement le rapport entre l'œuvre d'art et le modèle divin qu'elle copie ou interprète.

LXIV

Dans le vrai tout est absolu; le vrai ne contient une seule parcelle qui ne soit universelle. Là toute l'intelligence de l'univers se rencontre et s'unit, mais dans le beau, excepté la reproduction de l'œuvre divine, tout est humain, particulier à notre espèce, quoique retenant toujours le reflet divin propre à tout essor vers Dieu.

LXV

Comme pour l'art, de même dans la morale : la parcelle d'absolu n'est que celle que des êtres supérieurs d'espèces différentes à la nôtre saisiraient comme nous-mêmes, tout le reste n'ayant pas de sens universel.

LXVI

Quelle partie du bien, comme nous le comprenons, serait pourtant commune à des espèces supérieures à la nôtre? Comme l'esthétique devrait pouvoir être réglée dans tout l'univers d'après le plaisir que Dieu a eu à faire les choses, la morale devrait pouvoir être réglée d'après le but qu'il s'est proposé en nous créant et d'après les sentiments qu'il a mis dans notre cœur, quand il créa l'homme. L'énigme de l'absolu est ainsi de beaucoup plus difficile à déchiffrer dans la morale que dans l'esthétique, puisque dans celle-ci nous avons au moins sous les yeux les types laissés par Dieu.

LXVII

Pourtant nous nous anéantirions à l'idée qu'une partie, quelque petite qu'elle fût, du bien puisse être une illusion. Le vrai est sûr de lui; quoi qu'il arrive, il ne peut arriver que la vérité. Les arts, d'un autre côté, n'ajoutent rien à la beauté de l'univers; ils sont de petits ateliers à côté de celui de la nature, leur paillette est bien faible à côté de celle qui colore les mers et les cieux, ils manquent d'imagination créatrice. Excepté pour la douleur et pour l'effort consommé par l'homme, tout paysage encore intact nous causerait une impression de beauté bien plus profonde que Rome en ses grands jours. Le plus beau tableau imaginable reste encore celui de l'Éden, lorsque les arts n'étaient pas encore nés et que l'homme, au lieu de songer à être un petit créateur lui-même, se sentait seulement saisi d'émotion devant l'œuvre à peine achevée de Dieu. Les monuments pourraient tous disparaître sans rien enlever à la beauté de la scène, dont ils sont le décor humain; les sonates de Beethoven ne manqueraient pas à la voix des vagues et des vents; la peinture n'ajoute aucune couleur à la terre, ni la sculpture aucune forme. De tout cela l'homme appelé à une sphère supérieure ferait bien son deuil. Il y vivrait heureux sans salons, ni concerts, ni bibliothèques. Mais ses émotions, ses sentiments, son idéal, je doute qu'il consentît à les renier, même en écoutant l'éternelle Sagesse, si celle-ci restait sans écho pour les sons les plus profonds de son âme. La bonté! De celle-là il ne ferait jamais son deuil. A l'amour, à la pitié, à la douceur, à l'abnégation, jamais il ne renoncerait....

LXVIII

Il prendrait en pitié des anges, qui ne ressentiraient pas ce qui, peut-être dans sa naïveté, lui apparaît comme le don suprême des âmes : la bonté. Il prendrait en pitié même le Dieu qui n'aurait aucun des traits dont il croit sentir en soi les pâles reflets, rien de cette *image*, d'après laquelle il croit avoir été créé.

LXIX

Cette *image* est pour lui le bien absolu.

LXX

La morale n'est pourtant pas la reconstitution de la loi du paradis sous laquelle l'homme fut créé; elle interprète la loi d'esclavage, qui attache même l'innocent à l'éternelle faute héréditaire, laquelle a ouvert au mal l'entrée de ce monde. La part de l'absolu dans la morale n'est que bien petite, car tout ordre social est un compromis, une transaction forcée entre le bien et le mal. La morale telle que nous la connaissons appartient ainsi plutôt à l'économie politique; elle aura neuf parts utilitaires ou sociales pour chaque part divine, ou bien *humaine*, par rapport à l'homme créé à l'image de Dieu et non pas à l'homme réduit à une simple parcelle de la société et refait à son image collective.

LXXI

Cela ne veut pas dire que la morale soit une illusion dans toute sa partie qui ne s'adapte qu'aux formes transitoires de notre organisme social. Cela indique seulement la difficulté de vérifier ce qu'elle contient d'absolu ou de divin. Le sens moral comme le sens esthétique est en grande partie un sens exclusivement humain, correspondant à notre espèce dans ses différentes phases et non pas à toutes les espèces supérieures. Tout code pénal doit pouvoir entrer dans la morale et on ne se l'imagine pas applicable à d'autres esprits.

LXXII

Et comme le code pénal, de même la religion, qui dans une très large mesure est chacune un code pénal moral, une loi de discipline et de contrainte sociale, donc aussi une institution destinée à l'homme seul, inapplicable idéalement à d'autres espèces qui sentent également Dieu.

LXXIII

Le type des choses vivantes est toujours beau, il n'y en a que la corruption qui soit mal, et l'esthétique rencontre l'absolu chaque fois qu'elle arrive à la pureté d'un de ces types.

LXXIV

Il n'y a pas de laideur dans la nature, elle n'existe que pour nos yeux.

LXXV

La recherche de la beauté physique indépendamment de la beauté morale détache le beau du bien. Or, ils doivent rester inséparables. Il en résulterait, en effet, une sélection esthétique qui serait la forme la plus fatale de l'évolution. Une telle sélection amènerait l'atrophie de la bonté.

LXXVI

Si la nature elle-même l'adoptait, il n'y aurait de la place dans l'humanité que pour les modèles; il n'y en aurait même pas pour les artistes.

LXXVII

L'œil ne se fait au beau conventionnel sinon aux dépens du cœur.

LXXVIII

Le papillon nous trouve lourds, le paon mal vêtus, le rossignol rauques, l'aigle rampants.

LXXIX

La religion qui détruirait la joie de vivre ne tiendrait pas compte du plaisir que, selon la Genèse, Dieu a eu à créer les choses.

LXXX

Le caractère moral emportera toujours en tout le prix de la beauté. La beauté exclut toute idée de mal, comme la bonté exclut toute laideur. Le trait moral est le trait divin par excellence. Il faut que l'esthétique et la morale se mettent d'accord, et cet accord n'est possible que par la religion.

LXXXI

Comme l'antiquité a mis la couleur, la postérité mettra la voix dans les statues.

LXXXII

Un point que j'imagine universel est que les êtres supérieurs de tout ordre doivent communiquer avec l'univers et non pas vivre en soi et pour soi. Les facultés intellectuelles ont en nous un appareil très imparfait encore, comme l'électricité l'avait dans la pile électrique primitive. Nous avons besoin d'yeux pour voir, d'oreilles pour entendre, de cerveau pour penser, et on peut imaginer la perception et la jouissance de tout par l'idée sans aucun appareil matériel; mais on ne saurait pas imaginer un être supérieur à l'homme avec une appréhension de l'univers moindre que la nôtre, ni avec moins de communicabilité avec lui, et d'autant plus élevé son rang intellectuel d'autant plus étendue nous devons nous figurer sa sphère d'activité.

LXXXIII

Je crois à l'unité des forces morales autant qu'à celle des forces physiques, et je les unis ensemble, les unes et les autres, dans la pensée de Dieu.

LXXXIV

Il faut Dieu pour remplir le cœur. Les grandes choses ne font que l'ouvrir pour le recevoir.

LXXXV

Le plus beau rôle dans l'histoire : Simon de Cyrène.

LXXXVI

L'amitié a été toujours un sentiment masculin.

LXXXVII

Cela provient de ce que la plus forte attache de l'amitié est la vie vécue ensemble et seuls les hommes ont, dans le passé, vécu librement ensemble. Ils ont acquis un sens de la vie en commun que la femme ne possède pas encore.

LXXXVIII

Ce que la femme appelle un ami n'est que très rarement quelqu'un qui ait pensé avec elle.

LXXXIX

Il y a dans le bilan humain un fonds qui ne s'entame jamais, c'est l'égoïsme; il y en a un autre qui se refait chaque fois, c'est la générosité; mais il y en a un troisième qui se gaspille en pure perte, c'est la sentimentalité.

XC

L'attachement de l'homme à son principe immortel est si invincible qu'il accepterait volontiers toute peine perpétuelle de préférence à s'endormir tranquillement dans la mort sans lendemain.

XCI

Il y a des femmes qui ont quelque chose de mystérieux en elles, sur leur front. Elles appartiennent à la race d'Isis. Ces femmes-là, il faut les fuir. Elles ont le gouffre dans les yeux, et l'âme qui s'y penche disparaît sans retour.

XCII

C'est à regretter que le narcotique de Roméo ne soit pas encore retrouvé. Sous l'arbre d'un parc, ou même dans quelque caveau d'emprunt, cinq ou six ans de sommeil, quelle fortune cela ne représenterait-il pas pour des gens ayant une petite rente! Le sommeil deviendrait l'occupation des petits rentiers.

XCIII

Le sens esthétique est une des plus grandes, s'il n'est la plus grande, parmi les sources de l'égoïsme.

XCIV

Le souvenir est une essence qui ne donne tout son parfum que dans l'encensoir de la vieillesse.

XCV

On prend quelquefois pour un commencement de mort ce qui est au contraire l'éclosion du cœur à une vie supérieure et plus large.

XCVI

Jusqu'ici la bonté et le mensonge ont été aussi intimement mêlés que la vérité et la poésie. Éliminer en absolu le mensonge ce serait toucher à la bonté. La haine des mensonges qui impliquent de la bassesse est un souffle de vie pour l'âme de l'enfant; mais la haine des mensonges qui impliquent de la tendresse ou de la bonté serait un souffle desséchant et aride. L'art dans toutes ses formes, comme la poésie et le *folk-lore*, n'est qu'un grand mensonge. Tout homme et toute femme portent un masque à travers la vie que nul n'a le droit de lever et qu'ils ne sont tenus d'ôter que devant Dieu.

XCVII

En toute œuvre sérieuse il faudrait commencer par la prière que le prêtre fait en montant à l'autel. On ne doit pénétrer dans aucune des enceintes de l'inspiration que l'esprit pur de toute souillure. Partout on y est en terrain sacré. Dans l'art rien qui ne mérite d'être incorporé à la religion n'a de grandeur vraie et soutenue. La religion de son côté doit s'élargir assez pour pouvoir recueillir tout l'art.

XCVIII

Le culte de Jésus-Christ se poursuivant toujours de manière à devenir universel doit paraître même à ceux qui n'ont pas le sentiment religieux le plus noble des cultes de l'humanité, car c'est devant un pauvre crucifié juif qu'elle aura fini par s'agenouiller tout entière et non devant César ou Midas.

XCIX

Ce culte est à lui seul la preuve que l'humanité n'a pas la religion sociale de la puissance ou de la richesse, mais bien celle de l'idéal. Cette profonde antinomie entre le sentiment humain et la hiérarchie sociale, sentiment que celle-ci n'a jamais pu conquérir entièrement, marque la distance entre le cœur de la créature divine que l'homme a été, et qu'il aspire à redevenir, et celui de l'unité sociale en laquelle il a été transformé. Malgré tout il garde encore un reflet de l'image, d'après laquelle, selon la Genèse, il a été ébauché.

C

La physique semble pouvoir fournir bien des lois à la science sociale. J'ai parlé de la porosité. On ne comprend pas une institution, une religion, qui ne se laisserait pas pénétrer à travers les âges par l'esprit du temps. Prenez la loi du niveau des liquides dans des vases communiquant entre eux. On ne se figure pas deux races, deux nations, deux sociétés, mises en contact sans qu'elles prennent à la longue le même niveau. Nous avons déjà vu que même la religion obéit à la loi de la pesanteur terrestre, qui est pour elle la charité. L'attraction s'exerce sur les masses morales ou intellectuelles d'après la même loi que sur les masses physiques.

On voit aussi chaque jour la preuve de la cohésion intérieure et de la pression extérieure dans le caractère de l'individu, de la famille, de la société, de la race. Et ainsi de suite. On peut dire, dans un certain sens, que le monde moral est l'image du monde physique.

CI

De tout cela, de cette unité dans le plan de la création, résulte le sentiment de plus en plus fort que l'homme a été fait à l'image de Dieu, puisque dans une très grande mesure il se rend compte de son œuvre, c'est-à-dire, qu'il pense comme Lui.

CII

Ne semez pas des idées à tort et à travers; vous risquez de décourager les recherches sérieuses de quelque vrai travailleur. Il y en a qui ne voudraient pas se donner une peine infinie pour montrer que vous avez deviné juste.

CIII

Il n'y a pas de pensée plus réconfortante que le mot cité par Épictète : « Hercule ne se souciait pas de laisser ses enfants orphelins, car il savait qu'il n'y a pas d'orphelins dans le monde. » On est heureux d'être assuré que ce n'est pas là le privilège de la race d'Hercule, comme on l'aurait pensé.

CIV

On ne peut racheter son génie, comme on ne peut racheter sa fortune, qu'en reconnaissant la supériorité des humbles.

CV

Rien ne déforme autant l'esprit que de chercher dans les choses leurs ressemblances lointaines, que presque toujours on sera le seul à voir.

CVI

Votre nature était aimante, bonne, secourable; le milieu où vous vivez est égoïste; le cœur vous portait à la charité, la société vous retient dans l'égoïsme. Elle veut que vous soyez égoïste, c'est sa loi, et vous l'acceptez, car il vous en coûterait trop de rompre avec elle.

CVII

S'il y avait un bureau d'échanges pour les bonheurs que l'on envie à autrui, tout le monde y irait échanger le sien.

CVIII

Dans la vie tout contact intime crée une chaîne, sinon pour le cœur, au moins pour le souvenir. Ces réactions cachées d'âme à âme s'exercent à travers la distance et même à travers l'oubli. On se rencontre quelquefois dans le rêve ou dans le délire de la fièvre. C'est là la preuve que la chaîne n'a jamais été brisée.

CIX

L'argent bien employé remplace presque tout dans la société. On s'achète les vieilles propriétés des rois de France, comme on achète pour ses enfants, en se mariant, des siècles d'ascendance noble. De ce train un millionnaire pensera quelque jour à être roi, même pape, à l'égal d'un Médicis. Pourquoi la richesse n'aurait pas de nouveau un rang dans l'Église égal à celui qu'elle a eu au XVIe siècle? Il y a bien peu de choses que l'argent ne remplace pas. Avec de la générosité, non en l'achetant, le riche peut s'entourer dans la vie non seulement de tous les dévouements, de toutes les tendresses possibles, mais aussi des plus hautes faveurs de la religion. De même qu'il peut disposer par testament que des fleurs soient renouvelées perpétuellement sur sa tombe, il peut disposer que des messes soient dites pour son âme jusqu'au Jugement dernier. Tout cela l'argent donne les moyens d'avoir, et pourtant, quand on pense à la mort du millionnaire, la légende de Midas vient aussitôt à la pensée. L'idée d'avoir dû n'importe quoi à son argent est lourde pour ceux qui, ayant aimé beaucoup, avaient droit à être aimés pour eux-mêmes. L'argent remplace et donne tout, mais extérieurement; intérieurement, il ne peut rien. Il est tout pour la société, rien pour le cœur.

CX

La famille serait peut-être l'organe suffisant de la charité si on lui donnait ses anciennes limites patriarcales, mais au contraire elle se rétrécit chaque jour davantage. Il y a quelque temps elle comprenait encore les sœurs et les frères; elle ne comprend aujourd'hui que les enfants, et encore. Si on fait son devoir envers eux, la société admet qu'on laisse passer sous d'autres protections les autres parents, ou qu'on s'en désintéresse. Le vieux garçon (ou la vieille fille) s'isole dans sa petite rente des parents les plus proches; organise son budget en prévoyant tous les secours qu'il ne prêtera pas, à peine mettant de côté une épargne pour ses maladies et son enterrement à lui. Les obligations de famille diminuent à mesure qu'augmentent les charges sociales. L'impôt stérilise petit à petit le sentiment de famille. On marche ainsi à l'individualisme par l'égoïsme, car l'organisation sociale tend de plus en plus à se baser sur l'égoïsme. Même, en dehors de la famille, ceux qui retiennent, comme une servitude du cœur, le souvenir des obligations reçues, les reconnaissants de toute espèce, sont des traînards qui resteront sur les chemins de la vie.

CXI

Il n'y a rien à dire sur tout cela, c'est l'évolution humaine. Nous n'avons pas l'âme pour de tels changements, mais l'humanité se fera une autre âme comme toujours, et comme toujours elle ne regrettera pas son âme de jadis. Elle est toujours prête à passer au *mutatorium* pour changer de costume et jouer son nouveau rôle. La différence des temps est qu'autrefois les étapes de l'évolution duraient des siècles, tandis que, aujourd'hui, chaque génération nouvelle forme presque une humanité différente de sa devancière. Il faut changer d'âme au pied levé. Les âmes séculaires auront bientôt fait leur temps partout.

CXII

Quand je dis que l'organisation sociale se base de plus en plus sur l'égoïsme, je ne veux pas contester le fait que l'individu est de plus en plus affranchi des servitudes égoïstes qui pesaient sur lui et je ne suppose pas qu'il y ait plus d'égoïsme dans le monde. L'organisation ancienne, prenez l'esclavage, par exemple, se prêtait à l'égoïsme de classe ou de rang bien plus que la moderne, mais elle forçait, pour ainsi dire, les masses au renoncement. Aujourd'hui, au contraire, l'égoïsme est libre de se répandre, et devient général. Quand le tyran était égoïste et forçait les sujets au renoncement, le principe de l'égoïsme était certes la base de la cité, mais cet égoïsme était le privilège, la jouissance seulement du puissant et de ses suivants. Aujourd'hui, avec l'égalité, il devient l'apanage, *la liberté*, de tous, du plus grand au plus humble.

CXIII

L'acquiescement du vaincu à son propre revers est un élément essentiel de la victoire définitive. Dieu même ne se tiendrait pas pour vainqueur d'une créature qu'il ne pût convaincre de sa défaite.

CXIV

L'amour vrai consiste à désirer que vos enfants souffrent sous vos yeux, et non pas après vous ou loin de vous, tout ce qu'ils auront à souffrir dans la vie. Les voir souffrir est douloureux, mais leur épreuve est bien moindre, si vous êtes là.

CXV

L'éducation anglaise se fonde essentiellement sur l'horreur du mensonge personnel; mais elle n'est aucunement arrivée par là à restreindre l'hypocrisie sociale.

CXVI

Pour travailler votre bienveillance et votre bonne humeur, une bonne pratique est de ne jamais attribuer aux autres que les motifs que vous allégueriez vous-même, si l'acte discuté avait été commis par vous.

CXVII

Réduisez l'œuvre de Michel-Ange à une miniature, et vous verrez le petit devenir illimité comme un raccourci d'astre. Prenez une loupe et vous reconnaîtrez sur ces camées les géants de la Sixtine. Par contre, si vous grossissez les figures de ceux qui font petit, même en ébauchant des géants, vous n'aurez que décuplé leur petitesse. Le petit est bien dans l'âme de l'artiste, et non pas dans son trait, et la petitesse est inguérissable.

CXVIII

La phrase « Que votre volonté soit faite sur la terre ainsi qu'aux cieux » ne signifie pas, je pense, une simple conformité de celui qui prie au bon vouloir de Dieu. Dans ce sens-là elle serait outrée, puisqu'il y est question de *terre et de cieux*, et non pas seulement de notre propre personne. Cette prière pour que la volonté de Dieu domine terre et ciel me semble plutôt une collaboration par le désir au règne universel de Dieu, et, si Jésus-Christ, le Sauveur, nous l'a recommandée, c'est que Dieu aurait besoin de nos vœux, ou nous en saurait gré, pour établir volontairement sa toute-puissance sur les êtres créés à son image.

CXIX

Celui qui voit tout à travers l'idée n'a jamais de repos.

CXX

La religion ne peut jamais être un leurre. Si Dieu n'existe pas, on aura vécu la plus noble des vies en croyant à une inspiration morale dans la nature. Mais, si elle était un leurre, plutôt vivre dans l'ignorance éternelle de la réalité qu'avec la conscience que l'univers n'est qu'une duperie.

CXXI

La conscience est la branche de l'âme qui fleurit la dernière et elle ne donne que des fruits tardifs.

CXXII

Le nomadisme intellectuel me semble des élans naturels de l'imagination le plus difficile à contenir. Elle est arrivée, par l'épuration religieuse, au monothéisme; par l'épuration morale, à la monogamie; l'homme est en général monoglotte; au besoin il se contenterait d'un seul livre, mais l'imagination ne se résignera jamais à un seul horizon. Son essence est d'habiter l'univers. Pourtant l'homme-type est comme l'arbre, il devra croître et donner tous ses fruits, attaché par les racines à une même terre. Le nomadisme n'est permis qu'à l'imagination.

CXXIII

La vie devient une guerre acharnée et sans trêve et on s'y lance sans recevoir aucun code de devoirs ou de principes. Jadis c'étaient les races, et puis les classes, qui luttaient entre elles; aujourd'hui ce sont les individus. Races et classes pour vaincre et dominer avaient besoin de se soumettre à un code de devoirs ou de principes; l'individu se gouverne d'après lui-même et crée sa propre loi. Dans la lutte moderne pour la vie il n'y aura un jour que des *free-booters*.

CXXIV

La meilleure éducation est celle qui transmet d'une génération à une autre la plus forte portion d'expérience et de sagesse. L'art de vivre est après tout celui qu'il importe le plus d'apprendre. Les éléments principaux de l'éducation nationale sont ceux qui maintiennent le caractère de la race, les traditions et les mœurs du pays. C'était là l'idée de l'éducation ancienne; dans l'éducation moderne l'enfant apprend tout, excepté à vivre.

CXXV

Comme la femme sera toujours la mère de l'homme, elle a sur lui une hypothèque privilégiée perpétuelle. Elle peut tout craindre d'elle-même, non pas de lui.

CXXVI

L'homme sent l'isolement plus que la femme. Même au paradis Dieu trouva qu'il lui était pénible.

CXXVII

La femme a donc raison de se croire nécessaire pour lui. D'un autre côté elle doit se rappeler qu'elle n'est qu'un être complémentaire, tiré de ses côtes, et que le bonheur de l'homme a été la seule raison que Dieu ait eue pour la créer.

CXXVIII

Dans l'avenir la femme trouvera peut-être cette légende humiliante. Qui sait si l'homme ne l'a pas inventée pour contrebalancer vis-à-vis d'elle l'infériorité où le place sa propre naissance? En effet, si la première femme est sortie d'une côte de l'homme, tous les hommes depuis sont sortis du sein de la femme.

CXXIX

Dieu vous engage à la journée. Rien ne ferait avancer autant le pessimisme que ce prétendu droit pour chacun de ne pas se mêler des luttes du présent par souci de l'avenir. « A quoi bon? semble-t-on penser ; la partie sera une fois encore renouvelée et alors elle sera perdue. » Cela ne vous regarde pas. Votre sort serait-il de mourir en une escarmouche, mourez tout de même. C'est là le point d'honneur du soldat. Si les soldats se préoccupaient des batailles que d'autres livreront après eux, que deviendrait le pays ? Faire attention au présent, à l'occasion ; sculpter le moment qui passe avec le même amour que s'il était un bloc d'éternité, c'est là ce qui a toujours fait la richesse du détail historique. Si les hommes vivaient plutôt dans l'avenir, même les plus grands n'auraient été que les comparses de l'histoire.

CXXX

Le XIXe siècle aura ébranlé le système nerveux de l'humanité comme aucun autre siècle. Il a enfanté peut-être les plus grandes choses de l'invention humaine, mais il a aussi augmenté extraordinairement la pression de la vie sur le cerveau. L'homme y est entré en chaise de poste et en est sorti en automobile. C'est bien là l'image de la façon dont il va intérieurement. Il brûle les kilomètres. A une telle vitesse il deviendra bientôt un agité.

CXXXI

Le sens d'une page échappe entièrement à celui qui n'y a pas été amené et préparé par la même émotion dont elle a jailli, et souvent la même page lue à différentes époques paraîtra différente chaque fois. Le talent de l'écrivain consiste donc à vous amener doucement, insensiblement, à un état d'esprit où son dire ait du sens pour vous et toujours le même sens.

CXXXII

Les écrivains gaspillent leur talent sans s'en douter, car écrire c'est choisir dans sa pensée, et on rejette constamment ce qu'elle produit de meilleur pour donner ce qui en vaut moins. On peut dire que l'Intelligence universelle nous offre des idées à profusion et que nous en prenons celles qui nous plaisent. Dans ce choix est le danger pour le penseur, le poète, l'artiste. On peut être un homme de génie et ne pas savoir faire usage de sa richesse intellectuelle, comme la millionnaire peut n'étaler que son manque de goût avec les plus merveilleux tissus et les plus belles pierreries. Le cerveau reçoit constamment les reflets de l'idéal, et c'est la perfection de ces reflets qui fait le génie; c'est là une fonction entièrement passive, comme celle d'un récepteur ou d'une glace. L'artiste, l'écrivain, est celui qui veut transmettre aux autres les idées qui se reflètent en lui; or, celle-ci est une fonction différente, active, une inspiration personnelle, qui rend le miroir juge de l'objet répété. On peut avoir un grand génie passif et un petit talent critique; réfléchir comme personne l'infini et ne pouvoir rendre aucune des images reçues, comme, par contre, on peut avoir un très grand talent de photographe intellectuel et n'avoir en soi-même que des images d'ordre secondaire à reproduire.

CXXXIII

Je comprends très bien que ceux qui ne sont pas tout à fait sûrs de l'autre vie emploient plus de leur temps ici-bas à rendre grâces à Dieu que ceux qui ont la certitude d'avoir l'éternité pour le faire.

CXXXIV

La hauteur habituelle du parvenu n'est que la façade du caractère; l'intérieur en est la platitude.

CXXXV

Nous aimons les montagnes, mais c'est probablement l'air pur et le large horizon des cimes ce qui nous plaît davantage en elles. Autrement les montagnes sont comme de grandes bosses au dos de la terre, pleines de trous profonds; elles supposent des éruptions ou des déluges. Regarder la plaine ou regarder la montagne sont deux jouissances qui ont des ressorts intellectuels différents. La montagne vous arrête la vue, donc l'esprit; en ce sens elle vous repose en partie, puisqu'elle vous limite, tandis que la plaine interminable, comme la haute mer, vous place devant l'espace sans bornes. Idéalement la forme parfaite du paysage serait la forme plate, sans barrières pour la vue, sans des accidents qui suggèrent l'idée de lutte, de choc, de débris, sans rien de tordu ni de contrefait.

CXXXVI

Ce à quoi l'homme tient le plus sur la montagne, c'est à être aussi près que possible de l'univers. Dès que la montagne est là, il recherche le panorama dont on jouit au plus haut gradin. Cela montre que la plaine, l'horizon sans limites, et la voûte du ciel au-dessus sont les deux plus grands spectacles pour lui. Une tour dans la pampa, dans les landes, ou bien au bord de la mer, vous ouvre un champ beaucoup plus large à l'imagination et à l'esprit que le clocher blotti au fond de la vallée entourée de montagnes, ou à côté d'un lac qui tient tout entier dans votre prunelle.

CXXXVII

On parle de monotonie. La monotonie de la mer! la monotonie du ciel! la monotonie de la plaine! Cette monotonie-là n'existe que pour ceux qui ne peuvent pas fondre leur âme dans celle de l'univers, mais pour ceux-là tout est monotone après la première impression. Pour ceux qui règlent leur cœur d'après le rythme de la nature, il n'y a jamais de monotonie dans le spectacle qu'elle déroule et renouvelle sans cesse sans jamais le répéter. Le lever et le coucher du soleil, la course de la lune et des étoiles, le changement des couleurs et des ombres, la blancheur et l'irisation des nuages et, sur mer, la vie si capricieuse et si tragique des vagues, la douceur et la rage des vents, cela fait à chaque instant un tableau différent pour l'habitant des plaines ou des plages.

CXXXVIII

C'est la solitude qui est contraire à l'instinct acquis ou naturel de l'homme; quant au paysage, la monotonie de la montagne vous saisirait plutôt que celle de la plaine ou de la mer. Du reste, le cœur des races se fait toujours à l'aspect prédominant de leur pays. Les unes auront la nostalgie de la montagne, d'autres celle de la plaine ou de la plage, et même des sables du désert et des glaciers du pôle.

CXXXIX

Rien ne fait plus de bien à l'esprit, au génie, que la compétition. C'est ainsi que la Renaissance a été une si grande époque, car les génies ne tenaient pas seulement à se surpasser eux-mêmes, ce qui est l'effort naturel du génie, ils tâchaient de surpasser les autres, voyant dans chaque œuvre nouvelle que ceux-là produisaient une rivale de la leur.

Le fait est que le plaisir de concevoir et de produire l'œuvre d'art ou de pensée est infiniment plus grand pour l'auteur que celui de la contempler après qu'elle a été livrée à la foule. Il se préoccupe déjà alors de sa future création. D'un autre côté, tout génie sincère se plaira plus à la fraîcheur, à la révélation de l'œuvre d'un esprit pareil au sien qu'à celle de ses propres travaux, dont il connaît aussi l'effort.

CXL

Le goût de la comparaison, du contraste, est par contre fatal à l'art. Pourquoi opposer Michel-Ange à Raphaël ou à Léonard? Saura-t-on jamais laquelle des œuvres de Dieu est la plus belle, ou dans laquelle il mit plus de son génie? L'esthétique de la Genèse est en tout la seule vraie esthétique. La nature exclut dans son œuvre, qui est la grande œuvre d'art, l'uniformité et la subordination. Dieu trouva également bien tout ce qu'il avait créé; de même le génie humain doit trouver également bien tout ce qu'il produit d'achevé. Les œuvres de l'esprit, comme les formes vivantes, doivent être vues en elles-mêmes, et non pas opposées les unes aux autres. L'opposition entre elles est un manque de sens esthétique et de sens moral.

CXLI

Le critique est un personnage dont Dieu n'a pas

pensé à se faire accompagner quand il créa les choses, et seul le critique tient à établir la hiérarchie dans les œuvres de la création et dans celles de l'esprit humain. Cela engendre l'envie et le dédain; décourage les plus grands par l'injustice et les met à la merci de leurs inférieurs, des stériles. L'esthétique saine est seulement celle qui ne prétend pas mesurer l'impression que causent les différents types; elle place les grands efforts intellectuels de l'humanité au même rang et les fond dans le génie humain, comme les couleurs se fondent dans la lumière, où aucune ne se fait remarquer.

CXLII

On ne doit pas s'excuser d'aimer avec l'imagination. Tout est imagination. L'amour est l'imagination concentrée; la poésie, l'imagination diffuse.

CXLIII

Que ferait l'aigle, s'il avait la queue du paon?

CXLIV

J'ai bien clair le sentiment du vide dans l'espace et dans le temps. Ma pensée ne recule pas devant l'idée d'espace infini et de temps infini, parce qu'elle les prend comme le vide, comme la forme d'être du vide. D'un autre côté elle repousse l'idée d'innombrable pour les existences concrètes, soit dans le temps soit dans l'espace, puisqu'autrement l'être et le non-être se confondraient. Les astres existant dans l'univers ne peuvent pas être sans nombre, quelque grand que le chiffre en puisse être, ni les êtres microscopiques non plus. Où le mystère confond ma pensée c'est dans l'idée de création tirée du pur néant, si le néant est nécessairement à supposer. D'un autre côté elle conçoit, comme un mystère aussi, l'existence sans commencement là où le commencement n'est pas concevable, comme pour Dieu. Ceci implique des espaces de temps innombrables pour une existence réelle et est apparemment contraire à l'incapacité que j'accusais d'imaginer l'existence réelle sans délimitation, soit dans l'espace, soit dans le temps. C'est que la pensée prend l'existence éternelle de l'être infini comme la seule forme concevable d'existence pour lui, et, sans se l'expliquer, accepte ce concept qui ne s'applique pas aux choses concrètes.

CXLV

Ce concept de l'esprit sans commencement réduit la création à un pur accident de l'éternité. Certes tout esprit, créé immortel, aura rejoint l'infini au beau milieu de l'éternité, qui est toujours pour chaque être le moment où il est, comme le centre de l'horizon est pour chaque bateau le point où il se trouve. Mais l'imagination divague et se perd dans cette moitié d'éternité antérieure à toute création imaginable et ne la ferme qu'avec la grande toile de fond de saint Jean : « Au commencement était le Verbe, et le Verbe était en Dieu et le Verbe était Dieu. C'est lui qui au commencement était en Dieu ».

CXLVI

Le chrétien se figure Dieu seul avec le Verbe et l'Esprit toute cette première partie de l'éternité et le Verbe commençant la seconde par la création. « Toutes choses ont été faites par lui. » Là est le grand rôle de la religion : d'empêcher que l'imagination ne s'égare dans les espaces et les abîmes de l'éternité avant la création, où aucune lumière ne saurait la guider, pas même celle de la religion, qui n'est pas faite pour les éclairer.

CXLVII

« Et la lumière luit dans les ténèbres, et les ténèbres ne l'ont pas comprise. » Les ténèbres ne pourront jamais comprendre la lumière. Elles doivent se contenter de la voir briller au loin.

CXLVIII

C'est une illusion de penser que les livres peuvent par eux-mêmes vous ramener à la foi. Ils ne sont, quand ils vous ébranlent, que le véhicule de l'influence à laquelle votre cœur avait déjà cédé.

CXLIX

La faculté poétique, c'est au fond l'imagination déchaînée. Le vrai poète est l'homme qui se sent roi de sa propre pensée, comme l'aigle des airs, et est servi par ses idées dans une sphère où nulle contrainte ne pourrait l'atteindre. Il y a quelque chose du criminel imaginaire dans le poète, du pécheur qui s'absout lui-même, de l'esprit qui brise les conventions sociales et crée sa propre loi irresponsable. La vérité sur la poésie sera toujours la conception ancienne, qu'elle est une sorte de délire.

CL

Il est difficile d'imaginer Bacon faisant l'œuvre de Shakespeare, mais cela est difficile surtout parce que l'on a de la peine à se figurer Bacon affranchissant son imagination au point qu'elle pût produire un Hamlet, un Macbeth, un Lear. Le poète, lui, ne craint pas le cauchemar, ni même la folie. En cela il ressemble au philosophe et au saint. Son imagination doit pouvoir s'égarer en une liberté si complète qu'il ne se sente plus sûr de la ramener au joug de la raison. Dès qu'elle reprend ses chaînes, le poète disparaît.

CLI

Le type de ces grands poètes qui se sont jetés sans crainte à travers l'espace, est Shelley, cherchant à gagner l'éther, à devenir un pur esprit, à prendre contact avec Prométhée. D'autres n'ont pas eu le tempérament poétique entier, exclusif; ils ont voulu être autre chose; leur délire a été pour ainsi dire volontaire, ou bien il a été de la force à peine de cette autre maladie mentale, selon les Grecs, l'amour. Les poètes de l'amour, les poètes de la gloire, les épiques de la race, tels que Horace ou Pétrarque, Homère ou Camoëns, sont gouvernés par le bon sens des autres; ils ne naviguent pour ainsi dire qu'à la vue des côtes de l'idéal, tandis que les poètes vraiment libres, comme Dante, Milton, Shakespeare, Shelley, Goethe, pénètrent dans la région de l'idéal, comme s'ils n'étaient pas de simples hommes, mais des esprits d'un rang supérieur.

CLII

Bien des génies se seront éteints dans l'obscurité qui auraient été capables de produire des créations aussi hardies et aussi vivantes que celles que les grands poètes nous ont laissées, mais auxquels a manqué la force de lâcher la bride à leur imagination. Ils étaient incapables de perdre le sens du réel et cela leur a fait fuir l'inspiration comme si c'était la folie ou le vide.

CLIII

La fonction la plus générale de la poésie correspond cependant au chant chez les oiseaux. Celle-là est une pure délectation.

CLIV

En politique il n'y a pas à s'occuper de frayer la voie au destin, *fata viam invenient*; mais on doit beaucoup se soucier de ne pas la lui barrer.

CLV

En une très grande mesure l'art de l'homme d'État est pareil à celui de l'ingénieur. Il doit savoir bâtir sur le roc, sur le sable, au fond de la mer; pouvoir lancer des ponts suspendus entre deux rives abruptes. Pour cela il est nécessaire de bien calculer la solidité des matériaux, la résistance du terrain, la pression des courants. La politique purement idéale est comme une architecture qui ne se préoccuperait pas de la mécanique. Cette politique pourtant sera éternellement la plus populaire de toutes, tandis que pareille architecture n'aurait pu exister un instant.

CLVI

Publier un ouvrage équivaut pour l'écrivain à tenir un comptoir dans la foire aux livres. Or, l'ambition de l'écrivain est de partager avec d'autres les émotions qu'il a ressenties et non pas d'attirer des acheteurs. Au fond il ne tient à avoir qu'un petit cercle de lecteurs, de ces lecteurs qui sont les meilleurs amis de tout vrai écrivain. Se savoir recherché dans les librairies ou dans les bibliothèques par un petit groupe toujours renouvelé de ces amis, le mot *amis* est le seul qui exprime le rapport qu'il a désiré avec le public, est bien la seule ambition littéraire qu'aurait pu avoir un Joubert ou un Amiel. Comme le courage leur a manqué d'entrer au marché des réputations ils n'ont eux-mêmes rien publié.

CLVII

Soyez vaine tant que vous voudrez, pourvu que vous soyez bonne. Rendez grâce à Dieu de vous avoir faite avec le même amour que la fleur.

CLVIII

Le Christ ne s'est probablement entouré que de jolies femmes ; on a de la peine à se figurer la Vierge, Marie-Madeleine, Marthe, Marie, sœur de Lazare, et même Véronique, disgracieuses et sans attrait. Elles ont dû avoir toutes ce rayonnement intérieur qui est la plus grande beauté que le visage puisse atteindre. Il en noie les traits dans sa douceur, comme l'élan et le rythme de la danse noient les lignes du corps dans leur grâce.

CLIX

L'anachorète, l'ascète, le flagellant n'apparaissent

pas encore dans les évangiles; on ne rencontre en présence du Divin Maître que des gens simples, sans problèmes intérieurs à résoudre au moyen de la torture du corps ou de l'âme, jouissant, au contraire, des biens de la vie prodigués par Dieu avec l'insouciance des enfants qui jouent et des oiseaux qui chantent.

CLX

Il n'y a rien comme les saillies dans la conversation pour trahir la vraie nature de l'esprit.

CLXI

A écrire : Le Porc Philosophe. Un porc se laisse engraisser pendant de longues années, jouissant de la vie sans penser au lendemain, traitant son maître comme si c'était un esclave chargé de pourvoir à tous ses besoins. La fête cependant arrive, où il devra être tué pour le régal de la famille. Il s'aperçoit de l'intention qu'on a de le sacrifier. Alors il discute avec lui-même s'il a envers celui qui l'a si généreusement traité jusque-là une telle obligation qu'il doive le nourrir de sa propre chair; il se décide honnêtement pour la négative et va, avec sa bonne humeur habituelle, manger des herbes venimeuses qui croissaient à quelque distance de sa prison, connues de lui seul. Le lendemain maître et invités se lamentaient de l'ingratitude du porc et le blâmaient pour avoir violé les lois de la communauté.

CLXII

Le Bonheur est la plus douce et la plus timide des fées. La légion de thuriféraires, les Plaisirs, qui entourent la Vanité, la raillent parce que, étant une si grande fée, elle va toujours accompagnée d'un seul et humble suivant, le Contentement, mais la Vanité est une fée déchue, qui vit de simulations et d'artifices, elle n'est pas la rivale du Bonheur; la rivale du Bonheur est la Fortune. C'est celle-ci qui préside à la grande sphère de l'ambition, aux tirages du génie, de la gloire, de la beauté, de la force, de la richesse, que le Destin distribue aveuglément parmi les hommes. Quant à l'autre, au Bonheur, tout ce qu'elle a à donner aux siens c'est un petit talisman, appelé Conformité, qui rend le possesseur content du sort qui lui est échu. Le Bonheur et la Fortune ne se connaissent pas.

CLXIII

La plus bienfaisante des Madones est celle qui recouvre chaque jour de son manteau invisible les fautes et les malheurs intimes. Elle voit la terreur des faibles, des criminels, des victimes, au moment de la défaillance, de l'égarement, de la honte, et vite elle détourne de leur visage bouleversé, de leurs traits anxieux, le soupçon méchant et la curiosité perfide. C'est elle qui guérit doucement les blessures de la conscience, de la fierté, de l'amour, jusqu'à ce que la cicatrice n'en soit plus visible pour personne. Autour d'elle volent impuissantes les harpies de la médisance, qui loin d'elle fondent sur la chair vivante des réputations, dès qu'un point douteux y est exposé au grand jour. Le sacrifice qu'elle demande à ceux qui veulent sa protection c'est de faire comme elle autour d'eux : de respecter la pudeur de la conscience qui s'efforce de cacher l'ulcère qui la ronge; de feindre qu'on ignore le secret des fautes qu'on a devinées ou dont on a eu la révélation fortuite. Le moment de sa plus grande tendresse, celui où son cœur généreux fond en larmes plus chaudes que les nôtres, c'est quand elle voit celui qu'elle a protégé avouer de lui-même par excès de sincérité un secret jamais entrevu par personne. Elle tient les sceaux de l'inconnu, sous lesquels est gardée la vraie Histoire, celle qui n'a jamais été écrite; elle porte toujours avec elle le livre des amnisties secrètes, que la Providence signe chaque jour par milliers. Elle se plaît aux légendes de vertu ou d'innocence que la moindre indiscrétion suffirait pour renverser et qui, grâce à elle, parent à jamais les tombes. Elle est la patronne de ceux qui ont un haut rang dans la hiérarchie sociale, religieuse même, et qui n'ont pas eu le caractère à la hauteur de la tentation qu'on leur a suscitée; des fils qui se cachent à eux-mêmes le mystère de leur naissance; des épouses qui rougissent soudain devant leurs enfants sans qu'ils sachent pourquoi. Elle prie pour les femmes plus que pour les hommes, pour les morts encore plus que pour les vivants. Quand elle recouvre une faute qui tacherait à jamais un nom, c'est qu'elle se souvient d'un ancêtre éloigné qui le porta en tout honneur, ou bien qu'elle pense au descendant innocent, déjà inscrit dans le livre de la vie avec la marque d'agréable à Dieu. Elle court sans cesse après la Renommée pour lui enjoindre de ne pas publier parmi la foule les coups de stylet de la calomnie et de la haine; les aveux qu'on voudrait avoir retenus; les effusions de ceux qui croyaient s'aimer pour toujours. Son courroux est contre le lâche qui condamne les autres pour des fautes qu'il a lui-même commises, pour des vices qui sont les siens. Elle a les mains glacées, le cœur défaillant, lorsqu'elle voit dans les assemblées d'hommes ou de femmes paraître la victime expiatoire que la moralité sociale réclame et que l'hypocrisie et la faiblesse humaine vont lui délivrer. Elle n'est pas la justice, ni l'équité; elle est la miséricorde. Son nom est Notre-Dame de l'Oubli.

CLXIV

Avoir aimé la même femme dans leur jeunesse devient dans le déclin de la vie un lien de sympathie entre deux hommes, parfois entre plusieurs. Les femmes ne se lieraient jamais d'amitié par un sentiment pareil.

CLXV

L'adultère n'est souvent pour le jeune homme que l'envie de connaître l'intérieur du mariage, une curiosité malsaine, comme celle de Clodius se faisant introduire dans la maison de César pendant la célébration des mystères féminins.

CLXVI

La liberté est toujours populaire. L'ordre ne l'est vraiment que *in extremis*, au moment des convulsions.

CLXVII

Rome a commencé par le rapt des Sabines. La cité de l'avenir commencera avec l'enlèvement des jeunes gens prédisposés à la vie de garçon par les jeunes filles résolues à ne point rester célibataires.

CLXVIII

Comme on ne peut aimer vraiment Dieu qu'en aimant le prochain, on ne peut vraiment aimer son pays qu'en aimant ses compatriotes.

CLXIX

Il n'y a peut-être pas dans l'histoire un drame psychologique aussi difficile à faire que celui d'Alcibiade. On en trouverait les éléments plutôt dans Cornélius Népos que dans Plutarque. Aucun météore politique n'a jamais été plus éblouissant. Alexandre même a dû se sentir par rapport au plus brillant des Grecs ce que Darius était par rapport à lui, — un barbare. Les monologues intérieurs de César avant le Rubicon, de Cicéron après Pharsale, n'ont pas le caractère personnel dramatique de ceux d'Alcibiade cinquante fois dans sa vie. On peut dire que la fortune ne voulait que de lui, et qu'à un tel prix Athènes ne voulait pas d'elle. Aucun grand homme ne traversa la vie dans une si incessante agitation ni causa autour de lui un pareil remous. Qui pourrait faire revivre Alcibiade, mettre à découvert sa pensée, ses luttes intérieures, les motifs de ses résolutions subites ou calculées, ferait l'œuvre la plus attachante qu'il y ait à faire comme drame historique. Shakespeare a refait César, mais lui-même n'aurait pu refaire Alcibiade, car celui-ci est toute l'âme athénienne, bien plus difficile à saisir que la romaine, à n'importe quelle époque, de fait, impossible à saisir.

CLXX

L'influence sociale anglaise, toujours croissante, a détruit les manières qui faisaient de la bienséance au XVIIe et au XVIIIe siècle un art si compliqué. Le *sport* a fini par fermer les salons, de même que les exercices du corps, si une réaction n'était inévitable, finiraient par détruire le raffinement de l'esprit.

CLXXI

Ce besoin de liberté dans les mouvements, uni à la timidité des peuples admis les derniers à la civilisation latine, — la timidité dans les tempéraments courageux et fiers porte à tout outrer, — a produit dans la littérature le même effet que dans la bonne compagnie : il a ruiné les conventions classiques pour faire régner le naturel. La poussée des idées est bien plus forte sans la rhétorique, comme la poussée des sentiments l'est sans l'étiquette. Entre un jardin de Le Nôtre et la forêt vierge le goût humain balancera toujours selon les races. Les Latins aiment mieux le paysage artistique; les Anglais préfèrent la nature à l'art. Le génie anglais a en tout cette même caractéristique.

CLXXII

On parle de la supériorité des Anglo-Saxons. La probabilité en est que sans le contact latin les Anglo-Saxons seraient encore dans leurs forêts natives, au même état que du temps de la conquête romaine. Des races incapables d'arriver par elles seules à la civilisation ne sont pas, dans l'ébauche primitive des types humains, des races supérieures à celle qui les a polies. D'un autre côté sans le renouvellement produit par le mélange avec les peuples du Nord la probabilité en est que la civilisation latine aurait abouti tout entière au byzantinisme ou à des formes encore plus dégradées de vie et de pensée, dont elle ne se relèverait pas. La dette du monde romain envers les Barbares est ainsi aussi grande que celle des Barbares envers les Romains. Mais il est encore trop tôt pour parler de la supériorité des races du Nord sur celles du Midi.

CLXXIII

La langue que parlent les Anglais est le meilleur bilan de ce qu'ils doivent et de ce qu'ils ne doivent pas à la race latine. Presque tous leurs mots qui n'expriment pas seulement des phénomènes de la nature, des instincts naturels, des usages primitifs, des choses ou des traits intuitifs de la pensée, sont dérivés du latin. Leur outil de perfectionnement, le ciseau qui a ouvert et façonné leur cerveau, a été ainsi la langue latine. Les Anglo-Saxons sont bien loin encore de pouvoir suffire seuls au génie humain et ils auraient tort de croire qu'ils en réfléchissent même aujourd'hui les rayons les plus vifs. Ce qu'on appelle la décadence latine peut bien n'être qu'un temps d'arrêt, l'intervalle toujours nécessaire à la force créatrice pour se refaire.

CLXXIV

Dans le même pays un parti politique ne pourrait être composé d'honnêtes gens et l'autre de gens sans aveu. Ils auront tous deux la même moyenne. Les partis se forment tous de la même pâte, qui est le peuple, et sont pétris au même feu, qui est l'esprit du temps. Si l'esprit du temps est à la corruption, tous deux seront corrompus; s'il est au contraire à la probité, à la sévérité, ils ne seront même pas soupçonnés, ni l'un ni l'autre. C'est la loi du niveau égal des liquides dans des vases communicants.

CLXXV

Dans les pays constitutionnels les partis ne sont que les poids qui font marcher l'horloge. Il faut que l'un monte tandis que l'autre descend. D'ailleurs, en général, on choisit presque aussi peu son parti que sa foi : on l'hérite. De cette manière, dans la formation des partis, le principe le plus considérable est la continuation de père à fils, ce qui implique déjà la tradition et la fidélité.

CLXXVI

L'argent est l'éternel plat de lentilles de l'humanité.

CLXXVII

On ne tient jamais compte en politique de la transformation de l'individu, ce qui est pourtant un fait inévitable dans chaque vie. On gardera toujours la première idée que l'on s'en est faite. Or, rien n'est plus erroné que de supposer qu'un homme puisse être le même à 20, à 40, à 60 ans. Ce seront au moins trois hommes différents, qu'il soit ouvrier, médecin, prêtre, paysan, poète, homme d'État. Même la fortune, qui est si changeante, on croira qu'elle s'attache éternellement aux personnes qui ont une fois réussi et qu'elle ne donne jamais quartier à ceux qui ont une fois fait naufrage. Or, la fortune en affaires publiques n'est pas un don personnel, mais national. César, Napoléon, Lincoln, qui ont eu les plus grands de tous les succès, ont eu des fins tragiques et auraient été réputés malheureux par le sage qui prononça le *nemo ante obitum beatus*. On ne donnerait pas des armées à commander au général que la fortune a déjà trahi. On ne confierait pas de nouveau le sort de la dynastie à un Polignac ou à un Guizot. On a, en un mot, le préjugé de l'unité, de l'invariabilité de l'individu, jusque dans sa fortune politique, tandis que le fait est que tout homme public au bout d'un certain laps de temps devient entièrement un autre personnage.

CLXXVIII

J'ai eu pour maître et ami le vieux baron Herman de Tautphœus, un Bavarois qui a passé sa vie au Brésil à enseigner sans jamais regretter l'Europe. Son calme de philosophe, son érudition de savant, son complet oubli de lui-même, sa résistance à la fatigue, son impénétrabilité à l'ennui, sa modestie absolue, sa joie de vivre en spectateur du monde, prêt à céder sa place à son remplaçant au moment donné, ainsi que la chaleur de son spiritualisme, faisaient de lui pour moi une sorte de Socrate, au masque duquel il ressemblait. C'est en pensant à lui que je compris deux choses : l'une, qu'un grand esprit peut se mouvoir à l'aise dans une religion murée de tous les côtés, comme sont toutes les religions, car il était un catholique sincère; l'autre, que les écrivains ne forment pas à eux seuls l'élite intellectuelle de l'humanité, puisque, avec toute sa science et sa force de pensée, jamais il n'écrivit rien.

CLXXIX

Il y a, en effet, à côté du théâtre et du marché littéraire une sorte de Trappe intellectuelle, vouée à la méditation et au silence, où se réfugient ceux qui éprouvent le dédain de la publicité, de son étalage, de sa hâte, de ses recels du bien d'autrui, de son manque de sincérité. L'horreur à la rampe ne sera jamais un signe d'infériorité.

CLXXX

Bacon et Gœthe se sont bien arrangés avec leurs maîtres pour exploiter ce qu'ils croyaient être les plus riches gisements de leur cerveau; mais, par ce qu'ils en ont retiré, on peut estimer la valeur de ce qui en a été perdu. Ceux-là, pourtant, sont des exceptions, car ils ne se sont reposés que le temps nécessaire pour se refaire. D'autres auront été empêchés des années et des années, souvent une vie entière, de cultiver leur talent, de travailler leur génie, occupés à des besognes secondaires que le premier venu accomplirait beaucoup mieux. Les vocations intellectuelles que le servage de la vie sociale a frustrées sont sans nombre.

CLXXXI

Il faut, d'un autre côté, laisser souvent le talent en friche pour qu'il garde sa fraîcheur, sa spontanéité de production.

CLXXXII

La mort des illusions agit sur les sources du génie comme la destruction des forêts sur celles des fleuves.

CLXXXIII

Il vaut mieux d'être un jeune imaginaire qu'un vieux imaginaire.

CLXXXIV

Au-dessus du poète qui recueille dans ses vers la poésie des choses, il y a celui qui la fait : pour la nature, le Créateur; pour les sentiments, le langage, les traditions, la religion, l'âme du monde, en somme, l'Inconscient. Pour tout esprit religieux, l'Inconscient est un terme nécessaire : il est le voile, le pseudonyme de Dieu, dont il faut respecter l'incognito. On ne saurait laisser un tel mot au matérialisme idéaliste qui l'inventa. Il mérite bien une autre âme.

CLXXXV

Homme, esclave de la vie, crois-tu possible que la mort, ta lettre de rachat, soit une tromperie?

CLXXXVI

L'homme du monde devenu sourd peut jouir encore de la pantomime, mais non plus de la comédie sociale.

CLXXXVII

L'humanité de l'avenir ressemblera aux plantes sans racines, ou bien elle aura des racines aériennes.

CLXXXVIII

A défaut du pardon, laisse venir l'oubli,

a dit Musset. Oublier est pourtant infiniment plus difficile que pardonner, et, en amour, l'oubli que le pardon n'aurait pas précédé est impossible.

CLXXXIX

L'axiome des pythagoriciens que les contraires

sont le principe de toutes les choses est la meilleure lumière pour l'étude des hommes, pour la connaissance de soi-même, et pour la direction de la vie. Il contient toute la politique, tout le droit, toute l'équité, laquelle après tout est la seule vraie justice humaine.

CXC

A écrire : *Le dernier Conseil des Dieux.* Une scène dans l'Olympe. Jupiter assemble le Conseil, tout croule à Rome, le Polythéisme est en danger. La séance est orageuse. Les Dieux s'accusent les uns les autres de la catastrophe imminente : Vesta dénonce avec violence l'influence de Vénus, démoralisatrice du foyer, de la religion des Pénates; Mars rend Plutus responsable de l'impuissance des Romains qu'il aurait corrompus par la richesse et l'oisiveté; Minerve dénonce Jupiter, dont le règne ne pouvait finir que par la réaction qui allait bannir de la terre et la Sagesse et les Grâces. Tous cependant finissent par se réconcilier, cédant à l'instinct divin de la conservation, et ensemble ils se tournent contre la Renommée, divinité secondaire. C'était elle qui était cause de tout; elle seule avait insurgé les hommes contre les Dieux, en répandant parmi eux le secret des fautes que des Dieux avaient commises sur la terre. Ils avaient compté toujours gouverner le monde par elle, car elle était la source de la désunion et de la faiblesse humaine, mais elle les avait trahis par ses récits indiscrets. Alors le

Conseil se prononce unanimement pour l'expulsion de la Renommée de l'Olympe. C'est ainsi que l'on n'a jamais rien pu savoir sur la fin des Dieux. Sont-ils aujourd'hui des immortels pénitents ou bien d'immortels rebelles? La Renommée n'est plus dans leur confidence pour pouvoir nous informer.

CXCI

A l'idée de la fête de l'Être suprême sont naturellement attachés des souvenirs révolutionnaires qui attaquent toute religion par la base. La pensée qui inspira cette fête était une pensée de haine, d'épuration religieuse, de fanatisme, non pas d'union des créatures, quels que fussent leurs cultes, dans une même prosternation devant le Créateur. Pourtant aucune idée ne serait plus belle que la rencontre de toutes les pensées le même jour en un commun hommage à la divinité. Certes une seule fête serait impraticable, car on n'adorerait pas alors le même Dieu. Une fête unique n'aurait pas de sens. Mais que l'humanité réservât tout entière un même jour de l'année pour rendre grâces ensemble au Créateur, chaque religion le faisant à sa manière propre, ce serait un témoignage éclatant de l'étendue et de la force du sentiment religieux dans le monde.

CXCII

Un acte à écrire : *La femme de Loth*. Elle se

tourne toujours dans sa fuite vers la ville où sont restés ses amis, ses compagnes, ses esclaves, tous ceux auxquels elle était attachée. A mesure qu'elle se sent saisir par l'immobilité fatale, elle regarde, de plus en plus anxieuse, le point où agonisent au loin les êtres aimés, et ses mains sont pétrifiées dans un geste d'adieu, sa gorge dans un sanglot. Son cœur était soumis, mais la tendresse fut plus forte que l'obéissance. Ce n'était pas le péché qui l'attachait à Sodome engloutie; elle en était sortie intacte; c'était l'amour, et celui-là Dieu même ne saurait le dominer. Pendant longtemps, jusqu'à ce que le temps l'eût défaite dans la solitude, les deux anges qui avaient conduit Loth à Ségor venaient à la tombée du soir contempler la Statue de sel et admirer la Pitié humaine.

CXCIII

Le plus touchant de tous les mots doit être le mot portugais *saudade*, prononcez *saoudade*. Il exprime le regret de l'absence, le chagrin des séparations, toute la gamme de la privation des êtres et des objets aimés. C'est le mot qu'on grave sur les tombes; le message que l'on envoie aux parents, aux amis. L'exilé a *saudade* de la patrie, le marin de la famille, les amoureux l'un de l'autre dès qu'ils se quittent; on a *saudade* de sa maison, de ses livres, de ses amis, de son enfance, des jours vécus.

CXCIV

L'âme entière de la race tient dans ce mot dolent et nostalgique. Le mot *adieu* a perdu pour tous le sens de sa composition, il ne suggère déjà plus à personne le sentiment qui l'a imposé au langage humain : *à Dieu*. *Saudade* de même ne suggère plus l'idée de *soledade* (solitude) ; il n'en a gardé que l'effet intime sur le cœur : le vide de ce qu'on aime. Il est bien étrange que cet effet, le plus profond de tous, de la solitude n'ait été signalé que dans le langage d'une seule race humaine. Ceci prouve certes en faveur des qualités affectives de cette race.

CXCV

On voit bien dans quel sens coule le fleuve sur lequel on navigue, mais non pas dans quelle direction coule la vie. Vous souhaitez ardemment une chose et vous l'obtenez ; vous croyiez que votre vie allait dans cette direction-là et elle allait dans la direction opposée. Vous aurez été l'artisan de votre propre malheur. Par contre, ce que vous aviez tant désiré vous échappe, vous en concevez un grand chagrin, mais le bonheur va commencer pour vous, car vous rentrez dans le courant de la vie que vous avez été fait pour vivre. Ne rien désirer avec conviction est la vraie sagesse, car ainsi au moins on n'est pas entièrement la dupe de son désir, et on reconnaît tout ignorer de sa propre destinée.

CXCVI

Les guerres sont les soupapes de sûreté du militarisme. Sans elles, il serait impossible d'en éviter l'explosion.

CXCVII

La critique exerce une très grande et très utile fonction. Elle forme le goût public, et on doit être reconnaissant à des gens de goût qui le prêtent à tout le monde. Il faut espérer qu'ils ne se trompent pas trop, mais il n'y a pas à nier que les critiques ont tous des sympathies et des antipathies personnelles très vives, et qu'ils jugent souvent sous leur influence. Il y en a, par exemple, qui ne peuvent pas tolérer l'engouement de Chateaubriand pour son propre style, et cependant citer Chateaubriand à son tribunal prouve une estime de soi-même bien moins tolérable que la sienne, puisque lui, il pouvait plaider l'excuse du génie. De même pour Cicéron, dont la vanité outrage des censeurs insciemment plus vains tous que lui, qui après tout a réussi à passionner vingt siècles avec sa personnalité si décriée aujourd'hui par la critique.

CXCVIII

Ainsi, en prenant le livre d'un critique, il faut d'abord s'enquérir de son point de vue. Si vous remarquez qu'il y a dans son jugement des affinités ou des répulsions personnelles instinctives, il faut l'escompter comme on escompte le jugement d'une personne sur une autre qu'on a su lui avoir plu ou déplu. Si vous remarquez qu'il s'inspire de ses préventions religieuses, politiques, nationales, philosophiques, il faut se souvenir, en le lisant, que son opinion est celle d'un sectaire sur un coreligionnaire, un ennemi, ou un indifférent.

CXCIX

Auguste Comte, malgré s'être défendu à lui-même ce que l'on doit appeler la sphère supérieure de l'imagination, a montré une très large compréhension de l'humanité. Je me demande si le vrai Anti-Voltaire du XIXe siècle aura été lui ou Chateaubriand. Il a eu un des champs de vision les plus étendus du génie humain, quoique fermé du côté de l'avenir par son incapacité à comprendre la race anglo-saxonne et par sa préoccupation de succéder au Pape (avec l'infaillibilité scientifique en plus de l'infaillibilité dogmatique et morale). Il a fait de l'histoire inductive; mais, comme le génie devine juste, il n'y a pas de points de vue en histoire plus larges que les siens sur bien des époques et bien des personnages du passé. Seulement il a fait de l'histoire une simple trilogie, aboutissant à son apothéose, tandis qu'elle se déroulera en des actes sans nombre, formant tous le même cycle *divin*.

CC

On dirait que l'humanité vit pour le plaisir, puisque, après des efforts incessants pour parvenir à la richesse, on ne l'emploie qu'à le rechercher. En cela l'homme semble avoir pris la femme pour guide. Il se fie de plus en plus à elle pour l'objet ultérieur et final de leur commune existence, et elle opte pour le plaisir. Je parle de l'élite, par laquelle toute société doit être jugée, comme la plante est appréciée pour la fleur qu'elle donne. La jouissance de la vie est certes légitime, mais le culte du plaisir exclut la religion du sérieux, des belles poursuites, des nobles sacrifices. La richesse n'est que le moyen; si le but était vraiment le plaisir, l'homme serait destiné à devenir le pourceau d'Épicure.

CCI

La noblesse de la vie dépend du but que la richesse poursuivra : au service de l'idéal, elle la doublerait; au service du plaisir, elle l'effacerait en entier. Le plus grand intérêt humain est que la richesse cristallise comme aristocratie autour de l'idéal et non pas autour du plaisir ou plutôt qu'elle fasse de l'idéal son plaisir.

CCII

On ne trouvera pas une femme qui ne soit convaincue que la femme symbolise dans la vie le désintéressement et l'homme l'égoïsme. Pourtant si le fardeau volontaire que l'homme porte sur ses épaules s'était trouvé dès le commencement sur celles de la femme, elle l'aurait peut-être déposé il y a déjà bien des siècles. Le fardeau involontaire ne compte pas pour l'estimation de la générosité et du désintéressement.

CCIII

Chacun des sexes, en effet, a eu sa punition à part. Encore en ceci la Genèse nous dit le premier et le dernier mot de la vie.

CCIV

Je doute que le génie vienne jamais à épuiser la source d'inspiration qu'est la Genèse. Jugez-en par l'effort de Milton. Le Paradis terrestre a été perdu pour l'homme, mais il s'en consolera tant qu'il lui restera la Genèse, qui est le vrai Paradis de l'imagination.

CCV

Prenez ce mot de Dieu après la chute : « Voici que l'homme est devenu comme l'un de nous pour la connaissance du bien et du mal. Maintenant il ne faut pas qu'il avance sa main, qu'il prenne aussi de l'arbre de vie, qu'il en mange et vive éternellement. » C'est la connaissance du bien et du mal qui aura fait l'homme pareil aux esprits supérieurs. Tant qu'il ne la possédait pas, il aurait pu manger de l'arbre de vie, et vivre éternellement! Rien que de ce verset on pourrait tirer une Poésie, une religion, une mythologie, toute une éternité, sans l'épuiser. Ignorant le bien et le mal, l'homme pouvait vivre éternellement sur la terre, mais il ne serait pas semblable aux dieux. C'est donc par sa faute qu'il est devenu tel, qu'il a passé d'être innocent secondaire à être moral supérieur. Il n'a désormais qu'à la racheter par la souffrance et le repentir, et il acquerra un bien plus haut rang dans la Création morale que celui avec lequel il fut créé.

CCVI

Prenons-nous tous pour des gouttes d'eau de l'océan humain; les génies en sont les phosphorescences. C'est le moi, c'est le sentiment personnel, qui fait chaque goutte d'eau se croire un océan. C'est lui qui détruit en chacun de nous le sens de la proportion entre l'individu et la masse.

CCVII

Courage! Confions-nous à Dieu. Nous ne savons rien de son plan, rien de ce que la création signifie, rien du rôle qui nous a été distribué. Un jour tout nous sera expliqué et nous verrons clair.

Jusque-là, obéissons à la voix intérieure qui nous dit que nous ne serons pas déçus en Dieu; que le bien n'est pas un piège que l'hydrogène ait tendu aux pauvres d'esprit.

CCVIII

Les indifférents en matière religieuse peuvent augmenter leur nombre; ils seront toujours des unités éparses, ou bien une foule hétérogène.

CCIX

Avec l'indifférence pour Dieu vient l'indifférence pour le prochain, le tempérament utilitaire, qui ne peut engendrer que l'égoïsme, c'est-à-dire qui se détruira fatalement lui-même.

CCX

L'idéal est l'arche que Dieu ordonne de bâtir à l'approche du déluge pour sauver l'humanité par ses élus et renouveler son alliance avec elle.

CCXI

Les grands génies sont les parasites des religions, Gœthe autant que Dante. Enlevez les religions, les mythes; que resterait-il de vraiment grand dans la littérature ou dans l'art?

CCXII

On ne peut rien faire de grand, si on tient à plaire aux sceptiques et aux indifférents.

CCXIII

Doit-on aimer mieux l'ordre ou la liberté? Cela équivaut à demander : « Lequel des deux vaut davantage, l'arbre ou le fruit? » Sans l'ordre vous n'auriez pas la liberté, car la liberté est le fruit, ou tout au moins la fleur, de l'ordre. Il y a certes bien des espèces de cette plante qui ne produiront jamais la liberté. Cet ordre stérile stérilise aussi le sol où il croît. D'un autre côté il y a des terroirs où la plante qui ailleurs donne les plus beaux fruits n'arrive pas même à fleurir.

CCXIV

La liberté ne poussant ainsi que sur la tige de l'ordre, le premier souci doit être de bien choisir la plante; il faut qu'elle soit de l'espèce qui dans un bon sol donne toujours des fruits. Si l'arbre en grandissant n'arrive pas à se couvrir de fleurs, c'est le sol qu'on devra tâcher de rendre fertile. Cela exige d'immenses travaux, mais les gardiens de l'ordre devraient être les premiers à s'y intéresser.

CCXV

J'ai dit avant que l'homme, avec sa notion d'infini, risquérait, face à face avec Dieu, de le trouver au-dessous de son expectative. La disposition des esprits de se mesurer avec Dieu, même après l'avoir vu, est attestée par la légende des anges déchus. Tant que l'imagination reste libre, elle ne s'inclinera même pas devant la divinité. La littérature est pleine de ces défis et de ces inspirations de révolte.

CCXVI

Certes le spectacle de la puissance divine, telle qu'on se la figure, anéantirait aussitôt l'esprit humain, comme le soleil vu de plus près anéantirait notre vue. Notre personnalité n'est pas faite pour résister au saisissement de ce que nous appelons le surnaturel. Mais si l'imagination pouvait survivre au choc de ces révélations, elle exigerait encore davantage avant d'arrêter son essor, et Dieu resterait en deçà du génie ou de la stupidité humaine, car l'imagination de l'homme stupide est encore plus illimitée que celle des grands poètes et beaucoup plus difficile à réduire. La grâce cependant fera son œuvre, et par elle l'imagination se laissera ajuster à la mesure de ce qui est. Nos idées outrées sont le résultat de l'ignorance. L'esprit a besoin d'imaginer ce qu'il ne connaît pas et qu'il sait exister. Il lui donne alors les proportions de l'inconnu, qui sont toujours plus grandes pour lui que celles du connu. Il rêve l'impossible, qui lui paraît plus grand que le possible. La déception est inséparable de tout passage de l'imagination à la réalité.

CCXVII

Pourtant l'homme a été en contact avec Dieu aux temps bibliques et le caractère que la Bible prête à ces rapports est plutôt familial. Le Seigneur lui parle comme un créateur bienveillant, souvent comme un père, ou un ami, cède à ses prières, le prend en pitié. Au moment où Dieu allait détruire toute la création, s'étant repenti d'avoir créé l'homme, il se ravise à la pensée de Noé et établit son alliance perpétuelle avec la terre. Abraham lui parle comme un serviteur fidèle à un maître sur la bonté duquel il pourrait toujours compter. Il discute avec le Seigneur, « quoique poussière et cendre », sur l'injustice de détruire Sodome en entier. L'Évangile est aussi le récit des rapports intimes des apôtres et des disciples avec la divinité, puisqu'ils savaient tous que Jésus était Dieu.

CCXVIII

Ceux qui ont le cœur pur sont les seuls dont l'Évangile dise qu'ils verront Dieu. Or l'imagination débordante est le signe de l'esprit en remous, donc aussi du cœur trouble.

CCXIX

Je me figure bien proche l'annonce de découvertes qui égaleront la force des nations. Déjà le nombre ne compte pas dans certaines limites; il arrivera à ne plus compter du tout. La puissance de détruire sera si grande qu'il faudrait sacrifier des centaines de milliers d'hommes où aujourd'hui on n'aurait qu'à risquer des dizaines. C'est à l'honneur du génie humain que les grands inventeurs s'occupent plus de l'outillage industriel du monde que de créer des engins de destruction, mais on peut considérer l'abolition de la guerre par la science comme une certitude. Non pas par les sciences morales, mais par les sciences physiques. Ce ne sera pas l'économie politique ou l'arbitrage qui y mettra fin, mais l'électricité ou la chimie.

CCXX

La question est de savoir si l'humanité ne pourrirait pas moralement sans la guerre, ou du moins sans l'amour de la guerre; si l'esprit de dévouement national, que la vocation militaire concentre et cristallise, n'est pas inséparable de la possibilité des guerres, de la crainte pour le sort et pour l'honneur du pays. Peut-être même l'immunité absolue de toute contrainte extérieure engendrerait à l'intérieur des formes d'esclavage politique et de pillage plus odieuses que celles dont sont susceptibles les nations exposées à l'attaque et au morcellement par la conquête. Quant aux moyens de destruction par masses, dès que le génie des savants et des inventeurs se concentrera sans pitié ni scrupule humain sur un tel objet, ils seront sûrs de résoudre le problème des petites nations inoffensives. Les moyens de destruction à la portée de l'homme seront tels avant longtemps que la guerre serait un carnage inutile. Dans ce siècle la marche des inventions humaines ne suivra pas la progression arithmétique; elle suivra la progression géométrique. La physique, la chimie, la mécanique compteront chaque jour davantage pour ceux qui s'occupent de l'équilibre du monde. Ces sciences feront entre elles plus que de la politique mondiale; elles feront de la politique cosmique; en ce sens que les forces cosmiques s'en mêleront au laboratoire des savants. Les électriciens deviendront — qui sait? — les arbitres des nations, les hommes d'État de l'avenir.

CCXXI

On prétend qu'il y a des nations sans religion, du moins sans la croyance à une autre vie. Il se peut, mais ce sera la religion qui les aura créées et puis enfermées dans le cercle de fer, que la conscience ne peut briser. Leur morale, leur code d'honneur, si on en retrace les origines, dénoncera l'âge religieux, où le caractère national aura été coulé dans un moule définitif. La religion pourrait bien partout se transformer en philosophie après avoir accompli sa tâche de civiliser les sociétés et d'ennoblir l'âme humaine ; mais, en se retirant du cœur, en y laissant le sens du divin, du surnaturel, s'atrophier, elle enlèvera à sa création la plasticité de l'organisme qui reste en communication avec l'esprit qui le façonna. Elle serait, en tout cas, la borne du génie et du développement moral de la race. Au delà de sa religion, aucune race n'est jamais allée.

CCXXII

La lutte pour la richesse est souvent la lutte pour la liberté. On ne veut pas rester dans la dépendance, ni vivre à l'ombre d'autrui. On y tient surtout à cause des siens. Les ressorts pour cette lutte sont la fierté et l'amour. Quant à la très grande richesse, le ressort qui y pousse est l'esprit de commandement, le génie de la domination. En un certain sens, les milliardaires auront été les premiers à avoir la sensation de la puissance illimitée. Le despote ne l'a eue que dans les limites de son territoire ; eux, ils l'ont dans la sphère universelle de l'argent, lequel est servi aujourd'hui par des forces que les siècles antérieurs ignoraient. Ils ont atteint ainsi un rang si haut parmi les hommes que tout esprit généreux regrettera qu'ils ne puissent dépasser leurs propres facultés, ni échapper à la fragilité humaine, avec laquelle leur richesse ne garde aucune proportion.

CCXXIII

On écrit une page, un livre, puis on l'oublie. Soudain une touche de votre mémoire est frappée et vous révèle un mot, une phrase, où il y a quelque chose à changer, à corriger. Vous n'y aviez jamais pensé. Cela vous vient de la manière la plus imprévue. Seriez-vous vous-même votre reviseur, ainsi, en dormant, et sans même vous souvenir du morceau auquel correspond l'*erratum*? Peut-être bien, mais la façon dont un mot qui vous passa inaperçu est tout d'un coup détaché de la masse de la composition oubliée par vous et mis devant vos yeux avec le changement indiqué suggère plutôt l'idée d'un collaborateur qui se serait mis en communication avec votre cerveau et que vous ne distingueriez pas de vous-même. Dans toute œuvre, il y a beaucoup de cette collaboration inconnue.

CCXXIV

Je me demande si les figures, les paysages, qui se présentent à nous avant le sommeil, quand nous abandonnons notre cerveau à lui-même, aussi dans le rêve, ne seraient pas parfois des souvenirs à nos ancêtres empreints dans le fonds qui nous en a été transmis. Nous retenons certes des vestiges d'eux sur toute notre personne; il doit s'en trouver aussi dans notre mémoire.

CCXXV

Il y a un grand nombre de livres, de sujets, d'idées, qui sont comme des diamants bruts. N'y aurait-il pas manière, sans larcin, sans parasitisme, par admiration et par solidarité, d'ajouter à notre trésor intellectuel une quantité de pierres du plus grand éclat avec la création d'un métier à part de celui d'écrivain pour son propre compte? Il faudrait inventer en littérature un art pareil à celui du tailleur de diamants. L'obstacle est que cet art réclamerait comme ouvriers des esprits doués de grandes facultés, car seul le diamant façonne le diamant. Or, les vrais écrivains ne taillèrent jamais que leurs propres pierres. La profession littéraire est celle où l'amour-propre est plus absolu.

CCXXVI

Ce sont les parasites qui ont inventé le mot *égoïsme* dans le sens de reproche à ceux qui ne prennent pas volontiers sur eux les charges naturelles des autres. Cet égoïsme-là est le correctif nécessaire à l'abus de la générosité d'autrui, car seul l'égoïsme peut tuer le parasitisme. Une fois le parasitisme détruit, l'égoïsme disparaîtra lui aussi, et la générosité, affranchie par lui, deviendra la règle du cœur humain.

CCXXVII

La plus belle des prophéties divines : *Bienheureux ceux qui sont doux, parce qu'ils posséderont la terre.* Les cyniques n'y verront qu'un paradoxe et, pourtant, s'il y a un fait incontestable, de chaque jour, c'est que la douceur accomplit partout beaucoup plus que la violence et qu'elle est la plus grande force en action dans le monde.

MASSANGANA

SOUVENIR D'ENFANCE

Le cadre de la vie n'est souvent qu'un trait de l'enfance même, le *moi* étant un simple faisceau des premiers éblouissements de la conscience. Pour ma part, je n'ai pas dépassé la borne de mes quatre ou cinq plus anciens souvenirs; c'est avec eux que j'aurai traversé la vie. Mes premiers huit ans auront été dans un certain sens ceux de ma formation instinctive. J'ai passé cette période de moulage intime dans une terre de Pernambuco, au nord du Brésil, mon pays natal. L'*engenho*, comme on y appelle les plantations à sucre, était un des plus vastes et aussi des plus pittoresques de la province, et je ne me lasse jamais de regarder cette toile de fond, qui clôt l'arrière-plan de ma vie.

La population du petit domaine, entièrement fermé à toute ingérence du dehors, comme les autres fiefs de l'esclavage, se composait d'esclaves, casés dans les trous du grand pigeonnier noir, à côté de la maison principale, et de *moradores*, ou métayers, attachés au propriétaire par le bénéfice de la maisonnette qu'ils habitaient et de la petite culture qu'il leur permettait dans ses terres. An centre du petit canton à esclaves s'élevait la résidence du maître, ayant en face les bâtiments de la fabrique, et derrière, sur une ondulation du terrain, la petite chapelle, sous l'invocation de saint Mathieu.... Par la pente des pâturages des arbres isolés abritaient sous leur rond de parasol des groupes détachés de bétail. Dans la vallée s'étendaient les champs à cannes, coupés par l'allée tortueuse des vieux arbres chargés de mousses et de lianes, qui ombrageaient d'un côté et d'autre la petite rivière d'Ipojuca. C'était par cette eau presque dormante sur ses bancs de sable qu'on embarquait le sucre pour Recife; elle alimentait, assez près de la maison, un grand vivier, hanté par les caïmans, auxquels les noirs donnaient la chasse, et renommé pour son poisson. Là commençaient les marais, qui s'étendent jusqu'à la côte de Nazareth. Dans la journée, par la grande chaleur de midi, on faisait la sieste, respirant l'arome, qui se répandait partout, des grandes cuves où cuisait le miel. L'heure du couchant était éblouissante, des pans entiers de la plaine se transformaient en une poussière d'or; les soirs étaient frais, agréables, embaumés; le silence des nuits étoilées, majestueux et profond. De toutes ces impressions aucune ne mourra plus en moi. Les enfants des pêcheurs sentiront toujours sous leurs pieds le frôlement des sables de la plage et entendront le bruit de la vague. Moi, parfois, je crois fouler l'épaisse couche humide des cannes pressurées et j'entends le grincement lointain des grands chars à bœufs.

Emerson voudrait que l'éducation de l'enfant

commençât cent ans avant sa naissance. Mon éducation religieuse est certes entrée dans cette règle. Je sens l'idée de Dieu au plus lointain de moi-même, comme la marque aimée et aimante de plusieurs générations. Il y a des esprits qui aiment à briser toutes leurs chaînes et de préférence celles que d'autres auraient créées pour eux. Moi, je serais incapable de briser entièrement la moindre des chaînes qui m'ont une fois tenu, ce qui fait que j'ai subi parfois en même temps des captivités contraires, et plus encore que les autres une chaîne qui m'eût été laissée en héritage. C'est dans la petite chapelle de Massangana que j'ai été rivé à la mienne.

Les impressions que je garde de cet âge montrent bien la profondeur où nos premières assises sont posées. Ruskin a écrit quelque part cette variante de la pensée du Christ sur l'enfance : « L'enfant tient souvent entre ses faibles doigts une vérité que l'âge mûr avec toute sa force ne saurait soutenir et que seule la vieillesse aura le privilège de relever. » J'ai tenu entre mes mains comme des jouets d'enfant toute la symbolique du rêve religieux. A chaque instant il se rencontre parmi mes souvenirs des miniatures qui doivent dater, par leur fraîcheur d'épreuves avant la lettre, de ce premier tirage de l'âme. A la perfection de ces images enfantines on peut estimer l'émotion d'autrefois. Ainsi j'aurai vu la *Création* de Michel-Ange à la Sixtine et celle de Raphaël aux Loges sans pouvoir donner à aucune d'elles, malgré toute ma réflexion, le relief intérieur du premier paradis qui a passé devant mes yeux dans un petit théâtre ambulant, sorte d'ancien mystère populaire. J'écoutai dans la Campagne romaine, à l'entrée des catacombes, des notes perdues de l'Angélus, mais le muezzin intime, le timbre qui retentit à mon oreille à l'heure de la prière, est celui de la petite cloche que les esclaves, à la fin du travail, écoutaient tête baissée, murmurant le *Loué soit Notre Seigneur Jésus-Christ.* C'est là le Millet ineffaçable qui s'est empreint en moi. Souvent, j'ai traversé l'océan, mais si je veux me rappeler la mer j'ai toujours devant les yeux, arrêtée instantanément, la première vague qui s'est dressée devant moi, verte et transparente comme un écran d'émeraude, un jour que, traversant un grand bois de cocotiers, derrière les cases des *jangadaires*, je me trouvai d'un coup au bord de la plage et eus la révélation soudaine, le coup de foudre, de la terre liquide et mouvante. C'est cette vague-là, réfléchie sur la plaque la plus sensible de mon cerveau d'enfant, qui est restée pour moi l'éternel cliché de la mer. Sous elle seule je pourrais écrire *Thalassa, Thalassa!*

Mes moules d'idées et de sentiments datent presque tous de cette époque. Les grandes impressions de la maturité et de la conscience n'ont pas le don de me faire revivre qu'a le petit carnet où les premières tiges de l'âme apparaissent aussi fraîches que si elles y avaient été calquées le matin même. Le charme que l'on trouve à ces *eidoli* grossiers et naïfs de l'enfance vient peut-être de ce que seuls ils retiennent les traces de notre première sensibilité effacée. On dirait qu'ils sont des cordes, détachées, mais encore sonores, de l'instrument que nous avons un moment été aux mains de Dieu.

Comme pour la religion et pour la nature, de même pour les grands faits moraux autour de moi. J'ai été mêlé à la campagne pour l'abolition de l'esclavage, et pendant dix ans, j'ai essayé d'extraire de l'histoire, de la science, de la religion, du droit, de la vie, un philtre qui ensorcelât la nation et la dynastie en faveur des esclaves; je les ai vus dans toutes les situations imaginables; cent fois j'ai lu la *Case de l'Oncle Tom* dans l'original même de la douleur vécue et saignante, et pourtant pour moi l'esclavage tient tout entier dans un tableau inoubliable de l'enfance, dans une première impression de l'esclave, qui aura décidé, j'en suis sûr, de l'emploi ultérieur de ma vie. Je me trouvais, une après-midi, sur le perron de la maison, quand je vois se précipiter vers moi un jeune noir inconnu, d'environ dix-huit ans, qui se jette à genoux devant moi, embrassant mes pieds, et me suppliant pour l'amour de Dieu de le faire acheter par ma marraine pour me servir. Il venait du voisinage, cherchant à changer de maître, car le sien le menaçait, et il s'était enfui au péril de sa vie. C'est ce trait inattendu qui m'aura le premier découvert l'autre face de l'institution avec laquelle j'avais vécu familièrement jusque-là, sans me douter de la douleur qu'elle recélait.

Rien en moi ne montre mieux que l'esclavage même la force de nos premières vibrations intérieures. Elle est telle en effet que la volonté et la réflexion de l'âge mûr ne sauraient s'y soustraire et ne trouvent de vraie joie qu'à s'y conformer. Certes j'ai combattu l'esclavage de toutes mes forces et je l'ai repoussé avec toute ma conscience, comme la déformation utilitaire de la créature, et le jour où je l'ai vu finir j'aurais pu demander moi aussi mon congé, mon affranchissement, dire mon *nunc dimittis*, ayant écouté le plus consolant message qu'en mes jours Dieu eût pu envoyer à mon pays.... Pourtant je me surprends parfois, aujourd'hui qu'il n'est plus, à éprouver une étrange nostalgie, qui aurait bien étonné un Garrison ou un John Brown, la nostalgie de l'esclavage.

C'est que, autant le rôle du maître était insciemment égoïste, autant la part de l'esclave était insciemment généreuse. L'esclavage restera pour longtemps la caractéristique nationale du Brésil. Pour moi, je l'absorbai dans le lait noir qui m'a nourri; il a enveloppé comme une caresse muette toute mon enfance; je l'aspirai dans le dévoûment d'anciens esclaves, qui me croyaient l'héritier présomptif du petit domaine dont ils faisaient partie. Entre eux et moi il a dû se passer pendant ces huit ans un échange continuel de sympathie, dont m'est venue la tendre et reconnaissante admiration que j'ai depuis éprouvée pour leur rôle. Celui-là m'a paru, par contraste avec l'instinct mercenaire de notre âge, surnaturel à force de naturalité humaine, et, le jour où l'esclavage fut aboli, je sentis qu'un des plus absolus désintéressements dont le cœur humain se soit montré capable ne retrouverait plus désormais les conditions qui l'ont rendu possible.

Tel qu'il reste associé à mes souvenirs d'enfance, cet esclavage-là aurait été un joug suave, faisant l'orgueil extérieur du maître, mais aussi l'orgueil intime de l'esclave, quelque chose qui rappelle l'attachement de l'animal, lequel jamais ne se corrompt, parce que le sens de l'inégalité n'est pas là pour l'altérer. Aussi je crains que cette espèce particulière d'esclavage n'ait existé chez nous que dans de très vieilles plantations, administrées depuis des générations dans le même esprit d'humanité, et où une longue hérédité de rapports établis, entre le maître et les esclaves, aurait fait d'eux ensemble une sorte de tribu patriarcale, isolée du monde. Un tel rapprochement entre des situations si inégales devant la loi serait impossible dans les grandes et riches *fazendas* du sud, où l'esclave, inconnu au propriétaire, n'était qu'un instrument à récolte. Les *engenhos* du nord étaient pour la plupart de très pauvres exploitations industrielles; ils existaient à peine pour le maintien de l'état seigneurial du maître, dont le rang et l'importance étaient marqués par le nombre de ses esclaves. Aussi on y trouvait avec une aristocratie de manières, que le temps a effacée, une pudeur, une retenue en affaires de gain, propre des classes qui ne trafiquent pas.

A cet esclavage-là je ne puis penser sans un regret involontaire. Il a répandu dans nos vastes solitudes une grande suavité; son contact est la première empreinte qu'ait reçue la nature vierge du pays et c'est celle qu'elle a gardée; il l'a peuplé, comme une religion naturelle et vivante, de ses mythes, de ses légendes, de ses enchantements; il lui a insufflé son âme enfantine, sa tristesse sans chagrin, ses larmes sans amertume, son silence sans concentration, sa joie sans cause, son bonheur sans lendemain. C'est lui le soupir indéfinissable qu'exhalent au clair de lune les nuits du nord : l'envie tout ensemble de rire et de pleurer, de gémir et de chanter, de vivre et de mourir, dont notre mélodie populaire est l'expression. Avec l'âme de l'esclave, telle que les enfants de ma génération l'ont connue, on ferait la plus douce et la plus libre des attaches humaines, s'il était possible d'imaginer une âme de maître avec les mêmes affinités qu'elle.

S'il est une vérité morale visible dans la nature, c'est bien que le Créateur n'a pas voulu l'esclavage dans son œuvre. La liberté se confond avec le souffle même qui l'a tirée du néant; elle est un principe qui doit s'étendre dans la création aussi loin que l'éther, partout où va la lumière. De ce principe, de ce sentiment, la religion chrétienne est en effet l'affirmation suprême, puisque l'idée essentielle en est que Dieu, après avoir créé la liberté, aima mieux mourir lui-même que l'effacer de son plan ou en ébaucher un autre sans elle. Ce fut la chute qui amena l'esclavage. Pourtant, c'est la domesticité de l'homme qui sera la source renouvelée de toute bonté dans le monde, et l'esclavage deviendra un fleuve de tendresse, le plus large qui ait traversé l'histoire, si grand que tous les autres, le christianisme même compris, en paraissent les déversoirs…. Le christianisme aurait certes pris une toute autre direction si quelques-unes de ses sources ne dérivaient pas de l'esclavage, car ce fut un grand flot de renoncement et d'amour que l'esclavage répandit au sein du christianisme naissant. Celui-ci a été une religion d'esclaves et d'affranchis longtemps avant de devenir la religion des empereurs, et dans le mélange de ses origines lointaines il aura emprunté beaucoup de son essence à l'âme congénère de l'esclavage, car tous deux ils devaient être l'avènement des humbles et des opprimés. A la religion du rachat humain on dirait qu'il fallait des esclaves pour premiers clients. Aussi c'est dans le service désintéressé, dans l'absolue obéissance, dans la reconnaissance dévouée des esclaves, que les premières églises ont trouvé le type des rapports du fidèle avec le Christ, de même que l'humilité de l'esclave servira depuis de modèle à la plus haute dignité de l'Église, — *servus servorum Dei*. Le bonheur d'être esclave a été le premier apport chrétien à l'âme antique. Un tel bonheur ne devint possible que le jour où une religion nouvelle se mit à escompter les grandeurs ambitionnées par tous en une monnaie imaginaire qui n'aurait cours que dans une autre vie. Le sentiment de l'égalité à venir est le vrai mur de soutènement de la cité de Dieu; c'est lui qui relève la condition servile au sein des communautés chrétiennes jusqu'au niveau des premiers rangs. C'est du contact infime avec l'esclavage que résulta l'ambition suprême du saint, d'être l'esclave de Dieu. Cette aspiration à la perte entière de la liberté signifie que l'amour de l'esclave a été jugé l'amour par excellence. L'esclave est un symbole comme l'agneau. Par ce moyen, le christianisme a fait porter à la plus grossière des plantes la plus superbe fleur d'humanité qui ait jamais parfumé la terre. C'est dans l'enclos des esclaves que saint Paul aura semé les premières graines de la charité. Partout ailleurs elles seraient tombées en terrain stérile.

J'ai fait déjà mention de ma marraine. De tous les souvenirs de mon enfance celui qui éclipse tous les autres et le plus cher de tous est l'amour que je portai à celle qui m'a élevé jusqu'à mes huit ans comme son fils. Mes parents, partis pour Rio de Janeiro, m'avaient laissé en sa compagnie peu de temps après ma naissance et je ne les ai rejoints qu'après sa mort. Son image toujours présente me fit, pendant la première année de mon retour dans ma famille, me sentir comme un orphelin dans la maison d'un tuteur bienveillant, où tous s'efforceraient de le ramener à eux. Je suis arrivé par le développement de ma raison et de mon cœur à éprouver pour mes parents le vrai sentiment filial, pour mon père, naturellement, avant que pour ma mère, rivale à mes yeux de celle que je ne pouvais oublier, mais je crains que tous les raisonnements du monde n'aient jamais pu effacer entièrement l'illusion où j'ai été si longtemps laissé.

Sa silhouette s'est dessinée dans ma mémoire de façon que si j'avais le moindre talent de peintre je pourrais peut-être la tracer. Elle était de grosse corpulence, invalide, marchant à grand'peine, constamment assise sur un large siège de cuir qu'on transportait pour elle de pièce en pièce de la maison. Elle restait toute une partie de la journée devant la fenêtre qui contrôlait la place formée par l'*engenho*, les écuries, l'étable, la petite école, bâtie pour moi, et où demeurait le professeur qu'elle avait fait venir de la ville. Elle ne quittait jamais sa robe de veuve. Devant elle était une grande table où elle jouait aux cartes, faisait coudre à un nombreux personnel, comptait la monnaie à ses serviteurs, recevait les hôtes qui venaient toutes les semaines attirés par le régal de sa table, renommée depuis le temps de son mari, et par la sincérité de son accueil, toujours entourée, adorée de tout son peuple, feignant une mine sévère qui ne trompait personne quand il y avait à tancer quelque jeune *mucama* qui quittait trop souvent sa dentelle pour bavarder au gynécée, ou quelque protégé qui recourait sans intervalle à sa bonté.

La nuit de la mort de ma marraine est le rideau noir qui sépare du reste de ma vie la scène de mon enfance. Je ne m'attendais à rien, je ne me doutais de rien. Je dormais dans ma chambre quand des litanies entrecoupées de cris et de sanglots me réveillèrent et me communiquèrent l'émoi de toute la maison. Au corridor, les gens et les esclaves agenouillés priaient, pleuraient, s'embrassaient, dans le plus grand vacarme; c'était la consternation la plus vraie que l'on pût voir; une scène de naufrage. Ce petit monde, tel qu'il s'était formé pendant deux ou trois générations, n'existait plus après elle; son arpnier soupir l'avait fait éclater en morceaux. Le changement de maître était ce qu'il y avait de plus terrible dans l'esclavage, surtout si l'on devait passer du pouvoir nominal d'une vieille sainte, qui n'était déjà que l'infirmière de ses esclaves, aux mains d'une famille jusque-là étrangère. Et comme pour les esclaves, de même pour les fermiers, les employés, les pauvres, tous ceux qu'elle logeait et auxquels elle faisait journellement la distribution de vivres, de secours, de remèdes, comme le chef reconnu de la famille qu'ils formaient ensemble.

Moi aussi j'avais à quitter Massangana, laissé par ma marraine à un autre héritier, son neveu et voisin. A moi, elle léguait une de ses propriétés

qui était *a fogo morto*, à feux éteints, c'est-à-dire, sans
esclaves pour la travailler. Je vois encore arriver,
presque le lendemain de sa mort, les chars à bœufs,
emmenant dans Massangana la famille et les effets
du nouveau propriétaire. C'était ma déchéance. J'avais huit ans. Mon père quelque temps après me
faisait prendre par un vieil ami envoyé de Rio. Je
distribuai parmi les gens de la maison les objets de
mon usage. Ce que je regrettais le plus c'était de me
séparer de ceux qui avaient gardé mon enfance, qui
m'avaient servi avec tout le dévoûment et toute la
reconnaissance qu'ils portaient à ma marraine, et
surtout, parmi eux, les esclaves qui littéralement
rêvaient de m'appartenir après elle, et qui pour la
première fois, en me voyant partir, spolié, pensaient-
ils, de leur propriété, sentaient toute l'amertume de
leur condition et en buvaient la lie. Pour moi, les
deux grands sentiments de la créature, ceux qui font
la substance de la religion, la dépendance et la
reconnaissance, je les aurai puisés dans cette première source où je me suis abreuvé, car l'âme de
l'esclave, telle que je l'ai connue, n'était autre chose
qu'un vaste réservoir d'amour, tremblant d'incertitude et réfléchissant les moindres bienfaits.

Un mois et demi après, je quittai ainsi mon
Paradis perdu, mais lui appartenant pour toujours.
C'est là que j'ai creusé de mes petites mains ignorantes ce puits de l'enfance, insondable dans sa
petitesse, mais qui rafraîchit le désert de la vie et

en fait pour toujours, à certaines heures, une séduisante oasis. Les parties acquises de mon être, ce que j'ai dû à celui-ci ou à celui-là, se sont dispersées dans des directions différentes, mais ce que j'ai reçu directement de Dieu, le vrai moi sorti de ses mains, celui-là est resté attaché au morceau de terre où repose celle qui m'initia à la vie. C'est grâce à elle que le monde m'a reçu avec un sourire d'une telle douceur que toutes les larmes imaginables ne me le feraient pas oublier. Massangana est resté le siège de mon oracle intime; pour me pousser, pour m'arrêter, et au besoin pour me racheter, la voix, le frémissement, viendrait toujours de là. *Mors omnia solvit.* Tout, excepté l'amour, qu'elle attache définitivement.

Je revisitai, douze ans après, la chapelle de saint Mathieu, où ma marraine, Dona Anna Rosa Falcão de Carvalho, gît près de l'autel, et par la petite sacristie abandonnée je pénétrai dans l'enclos où étaient enterrés les esclaves. Des croix, qui peut-être n'existeront plus, sur des monceaux de pierres cachées par les orties, c'était tout ce qui restait de l'opulente *fabrique*, comme on appelait le cadre des esclaves. En bas, dans la plaine, brillaient comme jadis les taches vertes des grands champs de cannes, mais l'usine fumait maintenant et sifflait d'une vapeur aiguë, annonçant une vie nouvelle. Le travail libre avait pris la place en grande partie du travail esclave. L'*engenho* avait l'air d'une colonie. Le sacrifice des pauvres noirs, qui avaient incorporé leur vie à l'avenir de ce domaine, n'existait peut-être plus que dans mon souvenir. Sous mes pieds était tout ce qui restait d'eux, en face du *columbarium* où dormaient dans la petite chapelle ceux qu'ils avaient aimés et librement servis. Là j'invoquai tout mon souvenir, j'en rappelai quelques-uns par leurs noms, je humai dans l'air chargé de senteurs agrestes, qui entretient la végétation sur leurs fosses, le souffle qui dilatait leurs cœurs et qui inspirait leur joie perpétuelle. C'est ainsi que le problème moral de l'esclavage s'est pour la première fois dessiné à mes yeux dans sa netteté parfaite et avec sa solution obligatoire. Non seulement ces esclaves n'en avaient pas voulu à leur maîtresse, mais ils l'avaient bénie jusqu'à la fin. La reconnaissance était du côté du donneur. Ils étaient morts se croyant tous des débiteurs, aucun d'eux, un créancier. Leur humilité n'aurait pas laissé seulement germer en eux l'idée que le maître pût avoir la moindre dette envers ceux qui lui appartenaient. Dieu avait tenu le cœur de l'esclave, comme il tient le cœur de l'animal fidèle, hors de tout contact avec ce qui aurait pu le révolter contre son amour et son dévoûment. Alors, dans ce parvis deux fois sacré, je formai la résolution de vouer ma vie, s'il me l'était donné, au service de la race généreuse entre toutes, que l'inégalité de sa condition attendrissait au lieu d'aigrir, et qui par sa douceur à la peine prêtait à l'oppression même dont elle était victime un reflet de bonté.

Oh! celle-là, elle n'a pas suspendu ses instruments

aux arbres du pays étranger pour ne pas répéter dans la captivité les chants du temps où elle était libre. Sur les fleuves de Babylone... elle a chanté, et de ses paroles, de ses chansons, il s'est répandu autour de nous un sentiment de gratitude pour les moindres bienfaits et de pardon pour les plus grands torts. Ce pardon spontané, entier, de la dette du maître, par les esclaves reconnaissants, est la seule prescription possible de la faute des pays qui ont grandi par l'esclavage et leur chance unique d'échapper au pire talon de l'histoire. La noblesse la plus authentique aux yeux de Dieu est celle des générations de martyrs, qui se sont succédé dans la captivité. Les Saints noirs! Puissent-ils être toujours les intercesseurs pour notre terre, qu'ils n'ont cessé de bénir de leur amour, même en l'abreuvant de leurs larmes....

(Petropolis, 1893).

L'INFLUENCE DE RENAN

Ces feuilles sont le moulage de mon esprit naufragé et je le suspends comme un ex-voto au sanctuaire qui m'a recueilli.

J. N.

Des influences littéraires que j'ai subies, aucune n'a égalé celle de Renan. Je serais pourtant incapable d'éprouver aujourd'hui à sa lecture le saisissement d'autrefois. Je descends de ma petite bibliothèque un volume de son œuvre, je relis les pages qui jadis m'ont enlevé de terre, je n'y rencontre plus ma sensation de jeunesse. Jusque-là ma grande fascination avait été pour Chateaubriand, mais Chateaubriand n'avait pas la gamme religieuse, il ne pouvait rendre que l'amour et l'histoire, il n'avait pas les ailes d'un Novalis, par exemple, il lui manquait même tous les côtés d'un Joubert. Sa prose a une incomparable grandeur, donc beaucoup de finalité humaine, mais elle n'a qu'un imperceptible filon d'infini. Elle est superbement, dramatiquement terrestre. Renan a surgi avec une autre âme d'écrivain, une sorte de conque pythagorique qui aurait retenu la musique des sphères. Sa langue était pour ainsi dire immatérielle, il la cadençait sur des mesures angéliques, le rythme en semblait une réminiscence innée. Certes il croyait la sonorité de sa phrase encore plus délectable pour des êtres supérieurs que pour l'élite humaine de la *Revue*. S'il pouvait faire réciter sa propre défense à la scène de Josaphat par une actrice de la Comédie, il serait sûr du triomphe de la langue française. Il n'a tenu qu'à ce don magique du style.

Comme tout grand écrivain, Renan n'avait qu'une note, mais on l'aurait reconnue entre toutes les autres. Personne n'a jamais écrit dans ce ton. Ce style où l'aura-t-il trouvé? Le style de Chateaubriand on en connaît les sources, on en suit la formation: le solitaire château de Combourg et les splendeurs de Versailles; la Révolution et la jeune Amérique, encore sauvage et inconnue; l'éblouissante et la tragique fortune de Napoléon; Rome et sa Campagne; l'âme de Mme de Beaumont et la beauté de Mme Récamier; l'universelle admiration pour son génie et pour sa personne; le rêve de la grandeur française refaite. Sa vie court toujours comme le Tibre entre de grands souvenirs. Relisez la page où il l'a résumée : « Moi, fortune ou bonheur, après avoir campé sous la hutte de l'Iroquois »; fondez tout cela, vous avez sa grande manière, celle des *Mémoires*. Les métamorphoses de Renan sont tout autres. Il ne vient pas des châteaux de la vieille noblesse décapitée par la Révolution, mais de la maison d'une humble paysanne de Bretagne; il ne joue pas devant un parterre de rois, comme le Talma des *Débats* et de la Chambre des Pairs; il n'a pas de royauté mondaine ni d'auguste clientèle. Chateaubriand est un aigle qui plane sur deux mondes; l'ambition de Renan est de bâtir un rayon de miel....

Ce qui en a fait un si grand écrivain a été probablement ce voyage aux bords du lac de Tibériade, au puits de la Samaritaine, où il vit en face son idéal et crut y reconnaître le Christ. Une source bien plus profonde commence alors à jaillir dans ses écrits. L'*Avenir de la Science*, malgré toute sa richesse, n'aurait pas séduit et ensorcelé le monde. Entre la première et la seconde manière de Renan il y a cette touche de perfection, qui commence déjà à disparaître à la dernière période par la conscience de sa popularité littéraire, fatale aux penseurs. Aussi était-il forcé de se répéter, car la provision d'infini de chaque esprit est bien petite et on la dépense d'un trait. Il sacrifiait à la fin le plaisir de penser tout seul au plaisir de plaire en pensant. Il tombait dans cette mondanité transcendante dont il fut le pontife. Comme Chateaubriand, c'est en parlant de soi qu'il atteint sa forme achevée. *Souvenirs d'Enfance et de Jeunesse* est son œuvre la mieux finie. La perfection quelquefois ce n'est qu'un grand choc intérieur qui peut la faire jaillir.

Dieu merci, je distingue aujourd'hui l'œuvre de première grandeur non pas à son éclat, mais à son orbite... L'éclat est toujours une affaire de distance, de proximité. Les impressions purement littéraires, comme celles que Renan cause, je les classifie maintenant parmi les simples éblouissements passagers. Un esprit du premier rang doit avant tout être homogène, et Renan est un alliage; de la superposition d'esprits différents chez le penseur il résulte que l'œuvre n'en a vraiment d'autre caractère que sa forme, qu'elle est un essai continuel de nuances. Aussi il a tellement cultivé l'ironie qu'elle imprime son sourire involontaire sur tout ce qu'il a esquissé. S'il avait peint la Madone, il en aurait fait une Joconde.

Pour bien saisir son style, il faut d'abord écarter l'érudition, qui est énorme, et qu'il a beaucoup de timidité à montrer, quand il ne la rejette pas comme des « épluchures ». Il semble avoir l'érudition innée. Ce qu'il sait, — « il sait tout », c'est la remarque que Mme Sand me faisait un jour sur lui, — il l'a puisé dans des sources cachées; il dépiste ceux qui en cherchent la trace. Rien n'est sorti de sa plume qui ne porte sa marque. Il n'est ni un imitateur, ni un adaptateur, ni un copiste... Il prend des amas de manuscrits illisibles, des gisements sémites, gréco-romains, rabbiniques, arabes, des racines de toutes les langues, il fond tout cela dans son creuset, et comme un ouvrier vénitien, en soufflant dans la canne, fait prendre à cette masse liquide les formes transparentes les plus aériennes, comme il n'en est sorti que de sa verrerie. Les Allemands qui l'ont précédé ont fait d'immenses reconstructions du passé avec une autre grandeur et une autre solidité. Mais l'érudition allemande n'est pas un art, ne tient pas à l'être. Ils ne passent pas l'histoire au tamis littéraire, ils en amassent soigneusement les résidus; tous, sans exception, ils se prennent pour des ouvriers anonymes d'une bâtisse qui ne s'achèvera jamais, qui sera d'âge en âge refaite depuis les fondements, et non pas pour des constructeurs de jardins suspendus. Leurs immenses travaux, ils le savent, disparaîtront par le seul rehaussement du sol où se superposent à chaque génération les nouvelles études et les nouvelles découvertes. Leur rôle n'aura pas moins été essentiel. Ils ne veulent pas faire de la poésie ou de la chromatique avec l'histoire. Renan, au contraire, a compris l'entière vanité de l'œuvre historique et s'en est servi à peine comme d'un échafaudage sur lequel, tourné forcément en haut comme Michel-Ange dans la Sixtine, il pût dessiner lui aussi ses sibylles et ses prophètes, composer la plus belle œuvre à sa portée. L'histoire ainsi comprise était seulement le véhicule de l'inspiration, comme le dialogue philosophique, les lettres intimes, l'autobiographie même. Visiblement l'histoire n'était pour lui qu'un prétexte. Sous les personnages qu'il dessinait il ne représentait que ses propres énigmes insolubles. C'est parce qu'elles étaient insolubles qu'il ne s'est pas proposé de faire de la philosophie ou de la religion pures, mais c'est aussi parce qu'il n'attachait de vraie importance qu'à ces énigmes-là, qu'il choisit comme art l'histoire religieuse, c'est-à-dire, la religion à l'état brut, encore en minerai. Outre l'érudition, il faut mettre de côté ses modalités éphémères, toute la partie de son œuvre qui représente la place que l'élite lui avait faite en son époque et les concessions qu'il lui faisait. C'est à ce genre-là qu'appartiennent tant de ces paradoxes, dans ses dialogues et ses discours, qui rappellent par le détail et le fini les bijoux perfides de la Renaissance, mais où, au lieu de la goutte de poison, il ne mettait qu'un anesthésique ou un excitant intellectuel passager.

Dégagé de l'érudition et de la mondanité, son style reste une pure musique d'idées. La marque en est la spontanéité. Toute cette richesse s'évanouirait, comme dans une caverne enchantée, s'il avait fait le moindre geste pour la ramasser. Il y a dans le fonds littéraire de chaque écrivain deux parts : celle que l'inspiration lui accorde et celle qu'il lui prend. Chez Renan tout est librement apporté par elle, tout lui vient des fées. Il fut vraiment en ce siècle le ver à soie de la prose française; la trame qu'il produisait est différente à la vue et au toucher de toutes les autres; mais il serait le premier à avouer que la conscience humaine ne portera jamais que le lin.

C'est Renan qui a opéré chez moi la séparation de l'imagination et du raisonnement en matière religieuse. La religion devint avec lui une forme littéraire séduisante, une tentation raffinée de l'esprit, et non plus comme avant un empêchement et une contrainte morale absolue....

Je me rends mieux compte aujourd'hui de la façon dont eut lieu cette rupture, la seule dont elle fût possible. C'est seulement à force d'amour qu'a pu être émoussé en moi le sentiment de la divinité de Jésus-Christ. Ce n'est pas à coups iconoclastes, ni par des saillies voltairiennes renouvelées des *lazzi* du prétoire qu'on m'aurait fait renoncer à une dévotion qui était ma plus chère amitié d'enfance. C'est au contraire en y faisant apparemment une surenchère d'amour, en créant une nouvelle incarnation, littéraire, avec des hommages à côté desquels l'apologétique me semblait pâlir, qu'on arriva à effacer à mes yeux sa qualité divine. On ne le diminuait pas, je croyais, on le rehaussait. Son piédestal n'était plus le ciel, c'était la terre. Il resterait perpétuellement le chef moral de l'humanité; au lieu de fils de Dieu, il serait le premier de ses « créateurs ». On l'embaumait une seconde fois et pour toujours dans des essences plus précieuses que les aromates de Nicodème. Sa descente de la divinité se faisait, au xix° siècle, avec la même piété que sa descente de la croix au Calvaire. C'est dire qu'il continuait d'être Dieu, seulement on lui prêtait une divinité idéale. Le changement me coûtait peu, car je ne m'en séparais pas. Il me semblait n'y avoir qu'un concept de changé. Je continuerais de répéter chaque jour la prière qu'il nous a apprise, mais au lieu de m'adresser à Dieu en lui, je m'adresserais à Dieu par lui et avec lui. Mon cœur continuait en un mot à trembler entre ses mains. Il restait toujours celui dont l'humanité n'est point digne de délacer les sandales.

Mais ce ne fut pas seulement parce que je croyais être un renouvellement d'amour que l'effacement de la divinité du Christ est devenu possible en mon esprit ; ce fut aussi par une objectivation historique puissante. Placée dans son cadre restauré par la science des langues et des races, la figure du Messie acquérait plus de relief et était plus facilement isolée du ciel. Pour la réduire à la pure humanité on comprit qu'il fallait la rendre plus vivante. Pour cela, avec les détails survécus, on refaisait le théâtre de sa vie avec une parfaite exactitude : les collines, le lac, l'horizon, les teintes du paysage, les fleurs des champs, la beauté des femmes, tout ce qui a gardé quelque parcelle de lui. C'était accomplir en un sens par la critique religieuse la même œuvre que la Renaissance avait accomplie par les arts. Elle avait cependant humanisé le Christ pour le mieux diviniser ; on l'humanisait maintenant pour lui enlever sa divinité.... Au XVIᵉ siècle, les artistes, les peintres, les sculpteurs, les graveurs ont voulu renouveler la foi par la beauté, par la vie, en remplaçant par un Christ vivant et glorieux le Christ livide des calvaires gothiques. De même Renan voulait renouveler l'art religieux, faire de la religion un art, en mettant à côté du Christ légendaire un Christ aussi vivant que Tibère ou Pilate.

L'esquisse de Renan montre que l'on ne touche pas à la divinité sans en être à son tour touché. Personne aussi ne dessine une figure idéale sans copier ses propres traits. Son Christ, si je l'analyse aujourd'hui, est un anachronisme naïf de savant et d'artiste, qui se substitue soi-même sans le sentir, et en s'idéalisant fortement, au personnage qu'il veut restaurer. Autrefois la beauté, la vérité du cadre local, la lumineuse matérialité de l'ensemble historique, m'aveuglaient sur le caractère et la nature de la nouvelle légende et je n'avais qu'une sensation, réelle, vivante, celle de l'humanité de Jésus, de sa commune essence avec sa race, son époque et la destinée du judaïsme. Aujourd'hui je vois que ce prétendu contemporain d'Hérode n'est que la copie d'un littérateur du XIXe siècle.

Au fond le secret du charme exercé par l'œuvre littéraire de Renan, c'est sa religiosité. La raison par laquelle certains esprits y ont trouvé presque une volupté, c'est qu'ils n'avaient pas l'habitude des vieux livres d'où cette prose a été extraite par de délicates distillations. Aux lecteurs assidus de la littérature matérialiste la chaste idéalisation renanienne donnait une émotion qui ne serait pas nouvelle pour eux, s'ils lisaient les mêmes livres que Renan s'est si intimement assimilés. S'ils s'y étaient habitués, ils auraient préféré les sucs mêmes des plantes agrestes au miel parfumé où l'abeille les transformait. Les esprits à forte culture goûtent mieux l'*Ecclésiaste* ou le *Livre de Job* que les variations du scoliaste moderne. Un autre charme a été que l'œuvre de Renan, si elle est pleine de vieux mots auxquels il a enlevé la perle, tels que Dieu, esprit, âme, devoir, religion, vérité, par contre est semée d'autres, comme illusion, beauté, poésie, amour, rêve, infini, idéal, absolu, auxquels il a ajouté une nouvelle sensation. Il a fait des littératures sacrées un usage que nul n'en avait fait auparavant. J'ai dit avant qu'il était le ver à soie de la prose française. La religion comparée, dont la philologie ne fut pour lui que le sentier, est le mûrier dont il s'est nourri. Dans la religion il faut comprendre aussi les arts et les moralistes. Des pages entières dans son œuvre ne sont que des réfractions d'Epictète à travers une idée de Spinoza. Ce qui la caractérise est de n'avoir été qu'un style. Personne n'a plu autant à son époque; aucune influence n'aura été cependant plus visiblement stérile. On dirait qu'il y tenait. Hors de Renan, le renanisme disparaît tout entier parce qu'il n'avait pour lui que la virtuosité. Averrhoès lui-même est plus vivant. Si une école renanienne était possible, sa destinée serait d'aboutir au culte de la Madone, lequel réunit au sentiment païen de la grâce le sentiment chrétien de la pureté. Il a écrit sur le dévoilement de la chasteté chrétienne des lignes qui draperont à jamais la nudité des martyrs... Celle-là sera aussi la partie durable de son œuvre : les sentiments religieux qu'il a exprimés en moraliste. Car il n'a pas d'originalité philosophique. Tous ses *motifs* à lui restent au-dessous des hautes notes des penseurs qui l'ont précédé. Pourtant personne n'a voilé aussi transparemment que lui les idées dont il n'est pas donné à la pensée de saisir les formes. S'il a un peu trop estompé le contour moral des choses, par contre il a rendu l'infini avec une diaphanéité sans égale. S'il avait réussi, il aurait remplacé la religion par la légende, sans que l'on pût dire en quoi consistait la différence. La fonction du cœur resterait la même : de subir l'attraction de l'idéal. Ce faux caractère religieux de la littérature renanienne a été le secret de son prestige sur moi.

Ses lois universelles, ses pensées de règne, ses portraits de personnages, l'échafaudage tout entier de son œuvre historique, tout cela passera. La musique même de sa phrase peut passer, comme celle de Bellini, quand l'ouïe française aura changé de résonance, mais les idées et les sentiments qu'il a travaillés avec les deux ou trois outils apportés avec lui de Bretagne, ceux-là vivront toujours comme des chefs-d'œuvre de grâce et de finesse. Il a lui-même compris la vraie nature de son œuvre quand il a prévu qu'on la réduirait un jour à un livre d'heures. On le fera peut-être sans nom d'auteur. Je me demande s'il aurait eu la même prise sur l'imagination, ayant choisi d'autres sujets que la religion, et il me semble qu'il ne se serait pas élevé jusqu'à l'art. Il l'aura senti lui-même et dans son cœur il aura été aussi reconnaissant à la Bible que le virtuose à son stradivarius.

Le caractère religieux de son œuvre se révèle par sa crainte de toucher à la foi même. Il voudrait maintenir tous les effets de la foi, en endormant la cause, et non pas la flétrir, de peur qu'ils ne dépérissent aussi. Il traite Jésus comme s'il était Dieu, tout en voulant montrer qu'il ne saurait l'être ; il le réforme avec les honneurs et le traitement de la divinité pour les services qu'il a rendus et pour l'amour que lui-même il lui a porté. On sent que pour lui ébranler dans les esprits plus de foi qu'il n'en faut pour ouvrir le chemin à la science, c'est détruire inutilement du bonheur, ce que la terre a le plus de peine à produire. Il voit là un tort causé à l'homme. Il le cause tout de même, entraîné par d'autres, mais comment procède-t-il? Avec une délicatesse infinie il touche à la foi sans effleurer l'amour qu'elle recèle et la remplace par un regret de ne pas croire, qui donne le change au cœur et que le matérialiste ne distingue pas de la dévotion. Dans tous ses livres, comme dans les fouilles romaines, on rencontre ainsi enfouis des lacrimatoires sans nombre. Quand il emploie un mot religieux, il ne renonce à aucun des sens successifs qu'il a eus depuis son origine. Les matérialistes ne voient dans cette piété posthume de Renan pour le Dieu qu'il a renié qu'une foi qui ne se résigne pas à mourir. La nouvelle hypothèse leur paraît une transformation de la divinité du Christ aussi dangereuse que celle-ci.

Il n'est pas douteux que Renan a tâché d'amener autour de Jésus une sorte d'entente littéraire entre le monde des croyants et le monde des sceptiques sans se soucier de savoir lequel en recueillerait le bénéfice. Le respect dont il a souvent entouré l'Église provient probablement de ce qu'il a compris qu'il n'existe pas en dehors d'elle d'alliance possible entre l'élite et les autres couches sociales. En cela il appartenait au parti de la conciliation à outrance. « C'est la tendance des esprits faibles, dit quelque part Lacordaire, de vouloir unir ce qui est incompatible. » Renan croyait peu aux incompatibilités. Les fanatiques sont des expérimentateurs naïfs qui ne connaissent pas la chimie. *Corpora non agunt nisi soluta.* Le phénomène le plus commun dans l'ordre moral, c'est exactement celui qu'on appelle en chimie l'action de présence, où deux corps inertes vis-à-vis l'un de l'autre se mélangent dès qu'un troisième se montre. L'histoire des religions n'est qu'une longue série de réactions de ce genre. Le germe de toutes les choses nobles est un seul ; elles ne se sont particularisées que dans la forme et pour mieux se plaire les unes aux autres. Cela a été l'œuvre du milieu, du moment, du groupe humain qu'elles reflètent. C'est presque malgré lui que Renan aura détruit la foi dans les esprits incapables de refaire par eux-mêmes les mutilations qu'ils reçoivent. Il était de ceux qui aiment qu'on les admire, sans se soucier qu'on les suive. Il n'avait pas où nous mener. Il savait bien que son pied ne laissait pas de trace dans le vide qu'il foulait et qu'il n'y pouvait traîner la foule après lui. Comme moraliste, il a senti de moins en moins, hélas ! le besoin de points fixes, mais il lui manquait autant la force de se séparer de sa traîne de contraires qu'à saint Jérôme celle de brûler son Cicéron et son Plaute. « Là où est ton trésor, là aussi est ton cœur », s'entendait-il reprocher comme l'ascète.

Il y a bien des traits du bon vouloir de Renan envers l'idée de Dieu. Pour ma part, par une sorte de panthéisme qui consisterait non pas à voir Dieu en tout, mais à accepter toutes les manières de voir Dieu, j'ai bien reçu l'idée de Renan, adaptée de Hegel, que Dieu est en état continu de formation. Cette collaboration universelle à la formation de Dieu, qui ne serait qu'une grande Encyclopédie de l'univers à éditions successives, ne me séduisait pas, mais je l'acceptais pour le moment à l'égal des autres solutions du mystère divin. Par le vague de sa notation, au contraire du *processus* hégélien tout délimité et connu d'avance, l'idée me semblait avoir une orbite infinie; plus tard je reconnus son extrême étroitesse. Le Dieu formé petit à petit par l'effort, par l'instinct, par la divination de l'homme, ne serait jamais qu'un bien chétif infini, qu'un bien tardif absolu. Même si dans tous les astres on travaillait à cette éclosion finale, l'éternité ne suffirait pas à produire l'infini. Et que savons-nous de leur force créatrice et du pas dont la matière première divine y est fabriquée? Quant à nous, les terriens, c'est par trop exagérer la portée des faits humains que d'imaginer que de rares reflets exacts des choses dans le cerveau de quelques penseurs puissent être comptés comme des vraies parcelles de Dieu. L'idée ne serait pourtant que consolatrice, au milieu du matérialisme régnant, si on pouvait admettre cette autre insinuation renanienne, que Dieu, son évolution une fois achevée, pourrait bien s'acquitter envers ceux qui l'auraient aidée en les ressuscitant et les appelant à une nouvelle existence. Cette possibilité devient dans sa pensée, par le seul fait d'être émise, une probabilité, et elle ne diffère en rien de l'immortalité chrétienne d'essence. Comme on le sait, l'optimisme renanien prend toujours la forme aristocratique ; son immortalité serait donc réservée à une bien petite élite d'intelligence, de beauté et de bonté. Comme un des ascendants de Dieu, il a rêvé d'un prytanée, où lui-même se trouverait dans la compagnie de son choix, d'une sorte d'Académie de tous les âges. Heureusement pour les autres, la nature est profondément démocratique et égalitaire ; elle opère toujours par de grandes masses et non pas par des sélections. Dieu aurait à trouver place dans son paradis au moins pour les huit catégories d'humbles et de simples auxquels il a été promis en son nom, et le repentir, qui est le Léthé chrétien, aurait ses bords envahis par la foule. Au fond tout reviendrait au même. Ce Dieu, qui ennoblit ses ancêtres, comme un souverain chinois, aurait à tenir compte du plus grand de tous et reconnaîtrait Jésus-Christ comme son fils.

La philosophie de Renan n'était pas de nature à suffire à mon imagination. Au fond elle ne faisait que l'ouvrir. En mieux l'étudiant, il m'arriva d'être plus frappé par le résidu qu'il a oublié au fond de la cornue que par les synthèses artificielles du magicien. Son dilettantisme m'a dévoyé ; ses regrets aidèrent à me ramener. Il lui est arrivé de prendre la religion pour une villégiature agréable et non pour la résidence fixe et obligatoire qu'elle doit être. Dans une société charmante il a craint de l'ennuyer avec son sérieux autant qu'avec son érudition. Vivant seul il aurait été un fra Angelico.

Il me semble que Renan a créé l'instrument avec lequel il doit être lui-même combattu et la statue du Christ restaurée aux endroits où il l'a entamée. L'Église, quand elle se rencontre avec un art qui prétend la blesser, peut toujours lui dire : « Tu quoque, fili! » C'est l'art seulement qui tue les religions, non la science, et heureusement pour le catholicisme, c'est lui qui a donné le souffle aux derniers grands arts. Puisque l'art a été tenu jusqu'ici au service de la religion, il y restera jusqu'à la fin, car on ne saurait imaginer un autre art capable de créer une nouvelle religion ou de survivre au souffle chrétien.... Le christianisme et l'art périraient donc ensemble et ce serait là la mort de l'imagination humaine.... L'art anti-religieux est une nouveauté désormais impossible dans l'histoire. Un tel art, l'esthétique de l'athéisme, disons-le, aurait en effet contre lui tout l'art religieux de l'humanité; or, les formes définitives de beauté, comme les statues grecques ou les peintures de la Renaissance, deviendront toujours plus saisissantes à mesure qu'elles reculeront dans le passé. A quelle puissance ne faudrait-il pas porter le génie de l'homme pour que nous puissions imaginer dans l'avenir un art capable d'éclipser l'époque religieuse de l'art? Quant à l'art renanien il y appartient tout entier. Il est un bourgeon du rosier mystique profané.

Il n'est donné à personne de calculer pour le moment si, venu d'un côté après Voltaire, de l'autre en plein matérialisme scientifique, Renan a fait plus de mal ou de bien au christianisme et au catholicisme. Certes il a jeté un pont entre les deux rives éloignées de l'esprit moderne, par lequel, s'il passe beaucoup de monde du côté religieux au côté sceptique (et de ceux-là une grande partie revient par la même voie), il en passe bien davantage du côté sceptique au côté religieux. Il n'aura pas ainsi pour lui la voix seulement des sybarites intellectuels, des dégustateurs du falerne opimien qu'il nous a servi... L'avenir très reculé, en amalgamant les siècles, le prendra pour un ami du Psalmiste ou pour un de ceux qui n'ont pas reproché à Marie le prix des parfums qu'elle versa sur le Christ. La charité des interprètes dira qu'il s'est déguisé en incrédule pour insinuer l'intérêt pour le Nazaréen à une couche impénétrable à tout ce qui n'est pas la haute culture sceptique, comme les Jésuites se faisaient brahmanes ou parias dans l'Inde et en Chine rendaient hommage à Confucius pour ouvrir le chemin à la croix. La revanche de l'infini contre lui sera d'incorporer au génie humain les scintillations et les reflets divins qui se rencontrent en son œuvre et de laisser oublier ce qui aura été tentative personnelle, vol d'Icare, défaillance de cœur, en un mot, la pression insensible qu'il fit sur le gouvernail de sa vie et qui la mena si loin du rivage où elle devait aborder.

Certes on ne pourrait pas garnir la barque qui a à son bord le conseil et la direction de l'humanité avec de la soie renanienne; elle a besoin d'une voilure bien autrement résistante. Quant à moi qui me suis un jour trouvé sur la sienne et ai fait naufrage, je reste malgré tout reconnaissant au patron égaré. L'insuffisance absolue de ses solutions, autant que la résultante cachée de son œuvre, ont contribué à arracher ma foi à l'embrassement fatal de la science, à la mort par le froid. Je lui dois, en partie, qu'elle ait gardé sa chaleur pendant sa longue amnésie. Sans lui j'aurais suivi le même courant, mais un autre guide m'aurait conduit dans des parages plus lointains d'où bien peu seront revenus, ou dans des cercles plus profonds où je vois encore, tournés vers la terre, sans pouvoir regarder en haut, tant de mes anciens camarades, chez lesquels l'imagination religieuse s'est entièrement atrophiée. Sans Renan je n'aurais pas senti pendant mon exil la nostalgie de la foi perdue, que connaissent seuls ceux à qui est réservé le retour. Dieu merci, j'ai été enlevé à sa fascination par un aimant beaucoup plus fort et me dévouai non pas à la littérature stérile, mais à l'action et à la lutte pour l'abolition de l'esclavage. Je sentis ainsi aussitôt la supériorité de la *Case de l'oncle Tom* sur la *Vie de Jésus*. Il n'aura fait que donner un trop grand relief passager en mon esprit à ce mot du Christ : « Mon Père est plus grand que moi », et le Père a rétabli le Fils. Il a opéré la destruction par l'amour et l'amour finit toujours par recomposer son Dieu. Si elle avait eu lieu par la science, l'esprit mutilé n'aurait pas même gardé le souvenir de sa divine cicatrice.

(Petropolis, 1893).

TABLE

Préface. V
Date. VI

Pensées Détachées.
    Livre I. 1
    Livre II. 103
    Livre III. 173

Massangana. — Souvenir d'enfance 261
L'Influence de Renan 279

56737. — PARIS. IMPRIMERIE GÉNÉRALE LAHURE
9, rue de Fleurus, 9.

www.ingramcontent.com/pod-product-compliance
Lightning Source LLC
Chambersburg PA
CBHW070528160426
43199CB00014B/2225